예수님의 **가상칠언**

예수님의 가상칠언

ⓒ 생명의말씀사 2024

2024년 2월 14일 1판 1쇄 발행

펴낸이 | 김창영
펴낸곳 | 생명의말씀사

등록 | 1962. 1. 10. No.300-1962-1
주소 | 서울시 종로구 경희궁1길 6(03176)
전화 | 02)738-6555(본사) · 02)3159-7979(영업)
팩스 | 02)739-3824(본사) · 080-022-8585(영업)

지은이 | 라원기

기획편집 | 서정희, 이주나
디자인 | 최종혜
인쇄 | 영진문원
제본 | 다온바인택

ISBN 978-89-04-16865-1 (03230)

저작권자의 허락 없이 이 책의 일부 또는 전체를
무단 복제, 전재, 발췌하면 저작권법에 의해 처벌을 받습니다.

예수님의 가상칠언

십자가에
새기신
예수님의
일곱 말씀

라원기 지음

생명의말씀사

추천사

저자는 제가 존경하는 훌륭한 학자이며 목자입니다. 하나님을 경외하며 말씀을 전하는 두려운 영광을 성실하게 감당하는 설교자입니다. 또한 삶으로 글을 쓰는 저술가입니다.

『예수님의 가상칠언』은 이러한 저자의 깊은 연구와 묵상을 통해 태어난 작품이자 복음의 정수가 담긴 책입니다. 기독교 에센스이자 보배 중의 보배입니다. 예수님은 십자가에서 구약의 말씀을 암송하시면서 사명을 완수하셨습니다. 예수님의 가상칠언은 이 말씀의 성취입니다. 고난을 통해 사명을 완수하신 예수님의 삶의 비밀이 가상칠언에 담겨 있습니다. 저자는 이 책을 통해 고통을 도피하지 않으시고 진주로 만드시는 예수님의 승리의 비밀을 담았습니다.

우리 삶을 풍성케 하는 용서, 구원, 사랑, 승리 그리고 확신의 메시지를 담아 우리를 십자가로 인도하며 고난을 이기시고 승리하신 예수님께로 이끕니다. 예수님을 더욱 알고 사랑하고 찬양하고 경배하도록 도와줍니다. 그런 까닭에 이 책은 보석입니다.

사순절과 고난주간에 주님의 고난을 깊이 묵상하기를 원하는 분에게 『예수님의 가상칠언』을 추천합니다. 가상칠언을 성도들과 함께 나누기 원하는 사역자들에게도 이 책을 추천합니다.

강준민 (L.A.새생명비전교회 담임목사)

추천사

 십자가가 폄훼되고 있습니다. 그 의미는 점점 더 퇴색되고 있습니다. 숭고한 십자가가 한낱 목걸이, 장식, 디자인 정도로 격하되어 변질되는 모습을 볼 때마다 저는 안타까운 심정을 금할 길이 없었습니다. 십자가는 그런 낮은 대우를 받을 만한 것이 아닙니다. 십자가는 기독교의 핵심 가치입니다. 십자가는 복음과 진리의 정수입니다.

 이러한 시대 속에서 라원기 목사님의 『예수님의 가상칠언』은 십자가의 소중함을 다시 한번 일깨워 주는, 십자가 복음이 잔뜩 서려 있는 책입니다. 예수 그리스도는 십자가에서의 일곱 가지 말씀을 통해서 우리에게 용서, 구원, 사랑, 고뇌, 고통, 승리, 확신의 메시지를 던져 주셨습니다. 저자는 그리스도께서 십자가에서 남기신 마지막 일곱 메시지를 압축적으로 요약해 기독교의 핵심을 짚어 줍니다. 우리를 골고다 언덕 앞에 겸비하여 서게 만듭니다.

  이 책을 통해 그리스도께서 달리신 십자가의 거친 감촉을 느끼게 될 것이고, 십자가에서 흘리신 피의 소중함을 깨닫게 될 것이며, 그리스도의 고통 어린 십자가 사역에 몸소 동참하게 될 것입니다.

박재은 (총신대학교 신학과 교수)

추천사

키에르 케고르가 말했듯이 인간은 모두가 '죽음에 이르는 병'을 앓고 있습니다. 이 병을 치료할 수 있는 유일한 약은 십자가의 일곱 말씀 속에서 발견할 수 있습니다. 가상칠언 설교는 그리스도인이면 수없이 들어왔을 것입니다. 이에 관한 책 또한 많이 나와 있으며 선교사인 저도 수없이 반복적으로 가상칠언을 설교해 왔습니다. 예수 그리스도의 십자가와 가상칠언, 죽으심과 부활하심은 들으면 들을수록 깊고 오묘하고 신비합니다. 믿음이 아니고서는 도저히 이해할 수 없는 하나님 나라의 비밀입니다.

가상칠언의 깊은 비밀을 이처럼 이해하기 쉽게 우리 신앙의 영양제와 생명수로 전해 주신 라원기 목사님께 감사를 드립니다. 책을 읽어 보면 목사님이 이 놀라운 십자가의 비밀을 묵상하며 그 감격을 견딜 수 없어서 이렇게 피 끓는 심정으로 쓰셨음을 느끼게 됩니다. 십자가의 아픔에 숨겨진 아버지의 애끓는 사랑과, 유일한 구원의 길인 십자가 진리를 생생한 필체로 전하는 이 책을 모든 성도에게 일독을 권합니다.

이재환 (전 감비아 선교사, 컴미션 국제 대표)

목차

들어가는 말　12

1. 용서의 말씀

아버지 저들을 사하여 주옵소서 / 17

2. 구원의 말씀

오늘 네가 나와 함께 낙원에 있으리라 / 35

3. 사랑의 말씀

여자여 보소서 아들이니이다 / 55

4. 고뇌의 말씀

어찌하여 나를 버리셨나이까 / 73

5. 고통의 말씀

내가 목마르다 / 93

6. 승리의 말씀

다 이루었다 / 113

7. 확신의 말씀

내 영혼을 아버지 손에 부탁하나이다 / 131

나가는 말　148

주　152

들어가는 말

　기독교 신앙의 핵심은 예수 그리스도의 십자가입니다. 예수님의 십자가를 정확하게 알아야만 기독교 신앙을 제대로 이해할 수 있고, 구원을 받고 천국에 갈 수 있습니다. 그런데 신앙생활을 오래 한 사람들 가운데도 의외로 십자가에 대해 제대로 알지 못하는 성도들이 많습니다.

　그런 분들을 위하여 저는 몇 년 전에 『다시 보는 십자가』라는 책을 썼습니다. 십자가의 의미를 다양한 각도에서 볼 수 있게 해주는 책으로서, 십자가에서 드러난 하나님의 지혜와 공의와 사랑을 묘사하면서 십자가 앞에서 우리가 행해야 할 자기 부인과 증거의 책임에 대해 설명한 책입니다.

　당시 그 책을 쓰면서 십자가에 대하여 많은 묵상을 하였고, 많은 책을 참고하였기에 이제 다시 십자가에 관한 책을 쓸 일은 없으리라고 생각하였습니다. 그러나 그것은 저의 착각이었습니다. 예수님의 '가상칠언'(架上七言)을 묵상하면서 저는 예수님의 십자가에 관하여 새로운 내용들을 다시 발견하게 되었습니다.

여러분도 알다시피 '가상칠언'은 예수님이 십자가 위에서 돌아가시기 전에 남기신 일곱 말씀입니다. 그 말씀 하나하나를 묵상하면서, 저는 예수님이 십자가 위에서 우리에게 전해 주시고자 하는 특별한 메시지들이 많이 있다는 사실을 알게 되었습니다.

그래서 이러한 내용을 여러분과 함께 나누기 위해 이 책을 쓰게 되었습니다. 저의 책 『다시 보는 십자가』를 읽어 보셨던 분은 『예수님의 가상칠언』을 통해 예수님의 십자가가 주는 또 다른 의미를 발견하는 기쁨이 있게 될 것으로 확신합니다. 이번에도 책을 쓰면서 가상칠언에 관한 다양한 책을 참고하였고, 여러 신앙선배의 주옥같은 글들을 통하여 이 책에 필요한 통찰을 많이 얻었음을 미리 밝힙니다.

저로 하여금 다시 한번 십자가에 대해서 깊이 묵상할 수 있게 도와주신 하나님께 감사드립니다. 이 책이 십자가에서 드러난 예수님의 사랑과 은혜를 조금이라도 더 전달할 수 있다면 저에게는 더할 나위 없는 기쁨일 것입니다.

바쁘신 가운데서도 추천사를 통해 저를 격려해 주신 강준민 목사님과 박재은 교수님, 그리고 이재환 선교사님께 이 자리를 빌려 깊은 감사를 표합니다.

이 책은 고난주간에 십자가를 묵상하며 쓴 책이지만, 평소에도 예수님의 십자가를 더 깊이 묵상하고자 하는 분들에게도 좋은 참고 자료가 될 것이라 믿습니다. 십자가의 전달자로서 사명을 받은 저와 여러분 모두가, 이 책을 통해 십자가를 좀 더 깊이 알게 되고, 이로 인해 예수님을 더 사랑할 수 있게 되기를 간절히 소망합니다.

라원기

1

용서의 말씀

아버지 저들을
사하여 주옵소서

1

용서의 말씀

"아버지 저들을 사하여 주옵소서
자기들이 하는 것을 알지 못함이니이다 하시더라"(누가복음 23:34).

예수님이 십자가 위에서 하신 첫 번째 말씀이 '용서의 말씀'이라는 사실은 참으로 의미심장합니다. 이것은 예수님이 이 땅에 오신 이유가 우리의 죄를 용서하고, 구원의 길을 주시기 위함임을 보여 줍니다.

예수님은 기도로 시작하셨습니다

십자가 위에서 예수님이 하신 첫 마디가 '아버지'입니다. 이것은 '하나님 아버지'를 찾으시는 것입니다. 그러므로 이것은 기도입니다. 사람이 극한 상황에 처하면 본성이 드러납니다. 특별히 십자가의 고통은 인간의 상상을 초월하는 극한의 고통입니다. 그러므로 십자가에 매달린 죄수들은 보통 욕을 하고 저주를 하며 죽어갔습니다. 데이비드 스미스(David Smith)는 이렇게 말합니다.

"그렇게 끔찍한 운명을 당하는 사람들이 고통에 사무쳐서 비명을 지르며 애원하고, 또 구경꾼들에게 침을 뱉으며 저주를 퍼붓는 것은 보통 있는 일이었다."[1]

그러나 예수님의 입에서 나온 첫 마디는 바로 기도의 말씀이었습니다. 예수님은 이런 말씀을 하신 적이 있습니다.

"선한 사람은 마음에 쌓은 선에서 선을 내고 악한 자는 그 쌓은 악에서 악을 내나니 이는 마음에 가득한 것을 입으로 말함이니라"(누가복음 6:45).

예수님은 마음에 쌓인 것이 입으로 나온다고 말씀하셨습니다. 그러므로 예수님이 극한의 고통 속에서 하신 첫 마디가 하나님 아버지를 부르는 기도였다는 사실은 평소에 예수님이 하나님 아버지와 친밀하게 기도하는 관계에 있으셨다는 사실을 보여 줍니다. 아더 핑크(Arthur W. Pink)는 이렇게 말했습니다.

"예수님은 공생애를 기도로 시작하셨고, 기도로 마무리하셨다."[2]

그렇습니다. 예수님은 기도의 사람이셨습니다. 특별히 예수님은 기도하실 때 하나님을 '아버지'라고 부르며 기도하시는 경우가 많았습니다. 나사로를 살리는 기적을 행하실 때도 다음과 같이 기도하셨습니다.

"아버지여 내 말을 들으신 것을 감사하나이다"(요한복음 11:41).

십자가를 지실 때가 다가오자 예수님은 다음과 같은 기도를 하셨습니다.

"아버지여, 아버지의 이름을 영광스럽게 하옵소서"(요한복음 12:28).

"아버지여, 아버지께서 내 안에, 내가 아버지 안에 있는 것 같이 그들도 다 하나가 되어 우리 안에 있게 하사 세상으로 아버지께서 나를 보내신 것을 믿게 하옵소서"(요한복음 17:21).

예수님은 여러 번 하나님을 '아버지'라고 부르면서 기도하셨습니다. 평소에 이러한 기도가 예수님의 마음을 늘 채우고 있었기에 십자가에서 나온 첫 마디가 바로 '아버지'라는 기도였습니다. 죽음의 순간에 남기는 말은 그 사람의 평생의 삶을 요약해 줍니다. 그러므로 평소에 기도하던 사람은 죽음의 순간에도 거룩하게 죽을 수 있습니다.

예수님은 용서를 말씀하셨습니다

예수님의 입에서 나온 기도는 용서에 대한 간구로 이어졌습니다. 사실 예수님의 입장에서 십자가의 죽음은 잔혹하기만 한 것이 아니라 부당한 것이었습니다. 그분께는 죄가 전혀 없으셨기 때문입니다. 그래서 재판관인 본디오 빌라도조차도 세 차례에 걸쳐서 예수님의 무죄를 선언했습니다. 이런 억울한 고난을 당하신 예수님이었지만 그분의 입에서 나온 첫 마디는 용서의 말씀이었습니다.

용서는 평소 예수님이 강조하시던 내용입니다. 따라서 예수님은 지금 자신이 가르치시던 것을 실천하고 계신 것입니다. 성경에 보면 예수님은 용서의 중요성을 여러 곳에서 가르치셨습니다. 주기도문에서도 용서의 중요성을 강조하셨습니다.

"우리가 우리에게 죄 지은 자를 사하여 준 것 같이 우리 죄를 사하여 주시옵고"(마태복음 6:12).

베드로는 예수님께 나아와 형제가 죄를 범하면 몇 번이나 용서해 주어야 하느냐고 물었습니다. 그는 최고로 많이 할 수 있는 것이 일곱 번 정도라고 생각했습니다. 그러나 예수님의 대답은 다음과 같았습니다.

"네게 이르노니 일곱 번뿐 아니라 일곱 번을 일흔 번까지라도 할지니라"(마태복음 18:22).

심지어 예수님은 우리에게 원수까지 사랑하고 위해서 기도하라고 하셨습니다.

"나는 너희에게 이르노니 너희 원수를 사랑하며 너희를 박해하는 자를 위하여 기도하라"(마태복음 5:44).

이렇게 용서의 중요성에 대해 강조하시던 예수님이었기 때문에 절체절명의 순간에도 예수님의 입에서는 용서의 말씀이 흘러나왔습니다. 그뿐 아니라 예수님은 죄 용서를 위해 기도하심으로 이사야에 나오는 예언의 말씀을 성취하고 계셨습니다.

"이는 그가 자기 영혼을 버려 사망에 이르게 하며 범죄자 중 하나로 헤아림을 받았음이니라 그러나 그가 많은 사람의 죄를 담당하며 범죄자를 위하여 기도하였느니라"(이사야 53:12).

이사야 53장은 고난받는 종으로서의 메시아를 예언한 장입니다. 이 예언대로 예수님은 인간의 죄를 담당하시고 자신을 못 박는 죄인들을 위해 기도하셨습니다.

그런데 중요한 사실이 하나 있습니다. 예수님은 그전까지는 하나님 아버지께 다른 사람들을 용서해 달라고 하신 적이 없으셨습니다. 예수님은 직접 죄를 사하여 주셨습니다. 네 명의 친구가 중풍 병자를 침상째 들고 왔을 때 그들의 믿음을 보시고 예수님은 다음과 같이 말씀하셨습니다.

"작은 자야 안심하라 네 죄 사함을 받았느니라"(마태복음 9:2).

바리새인 시몬의 집에서도 마찬가지입니다. 예수님이 식사를 하고 계실 때 죄인인 여인이 찾아왔습니다. 그 여인은 눈물로 주님의 발을 적시며, 머리털로 닦고, 발에 입을 맞추고 향유를 부었습니다. 그때 예수님은 여인에게 다음과 같이 말씀하셨습니다.

"네 죄 사함을 받았느니라"(누가복음 7:48).

이렇게 예수님은 인간의 죄를 직접 사하실 권세가 있으시기에 그 권능을 여러 차례 사용하셨습니다. 그런데 십자가 위에서는 왜 죄를 직접 사하지 않으시고 하나님 아버지께 용서를 구하셨을까요? 그 이유에 대해 아더 핑크는 다음과 같이 이야기합니다.

"우리를 대표하여 십자가에 매달려 계셨기 때문에 그는 자신의 신적 특권을 행사할 수 있었던 권세의 자리에 있지 않으셨다. 그래서 아버지 앞에서 간구하는 자의 자세를 취하신다."[3]

그렇습니다. 예수님이 십자가에 달리신 순간은 우리 인간과 예수님을 동일시하신 것입니다. 예수님은 철저히 죄인의 모습으로 십자가에 달리셨습니다. 그러므로 이때는 자신의 신적인 권리를 사용하지 않으시고 오로지 죄인들을 위하여 중보 기도만 하신 것입니다.

예수님 당시 로마에는 '복수의 문화'가 있었습니다. 오늘날도 사람들은 복수를 중요하게 여깁니다. 드라마나 영화를 봐도 복수의 서사를 당연하게 여깁니다. 사람들은 이것을 통쾌하게 생각합니다. 그러나 복수는 또 다른 복수를 낳기 마련입니다.

복음이 무엇입니까? 복음은 바로 하나님이 원수 된 우리를 예수 그리스도를 통해 용서하시는 것입니다. 즉, 우리와 화해하기를 원하신다는 것입니다. 에베소서에 나오는 말씀이 그것을 설명해 줍니다.

> "또 십자가로 이 둘을 한 몸으로 하나님과 화목하게 하려 하심이라 원수 된 것을 십자가로 소멸하시고"(에베소서 2:16).

하나님과 우리의 원수 관계가 십자가로 소멸되었습니다. 예수님 안에서 이제 우리는 하나님께 받아들여지게 되었습니다. 물론 공의를 중요하게 여기는 사람은 예수님의 이 용서의 기도를 보고 이렇게 말할 수도 있습니다. "이렇게 용서만 해도 되는가? 하나님의 공의는 어디 있단 말인가?" 여기에 대한 대답이 성경에 나옵니다.

> "욕을 당하시되 맞대어 욕하지 아니하시고 고난을 당하시되 위협하지 아니하시고 오직 공의로 심판하시는 이에게 부탁하시며"(베드로전서 2:23).

예수님은 자신의 고난에 대한 심판은 우주의 심판자이신 하나님께 맡기시고 용서를 베푸셨습니다. 이로 인해 예수님은 공의를 포기하지 않으시고 용서하실 수 있었습니다.[4]

우리는 하나님의 최후 심판이 있다는 사실을 기억해야 합니다. 끝까지 회개하지 않는 사람은 예수님의 용서가 아닌 하나님의 무서운 심판을 받을 것입니다. 예수님이 주실 용서의 축복은 모든 사람이 누리는 것이 아니라 믿음으로 반응하는 사람만 누릴 수 있습니다.

예수님은 인간의 연약함을 아셨습니다

예수님은 용서의 기도를 하시면서 인간의 연약함에 근거하여 하나님께 호소했습니다. 본문의 말씀을 다시 한번 보겠습니다.

> "아버지 저들을 사하여 주옵소서 자기들이 하는 것을 알지 못함이니이다 하시더라"(누가복음 23:34).

예수님은 그들이 지금 잘 알지 못해서 이런 일을 하고 있다고 말씀하셨습니다. 이렇게 예수님은 인간의 사악한 죄악을 '무지함'을 근거로 덮어 주셨습니다.

그렇다면 예수님을 못 박았던 자들은 무엇을 몰랐을까요? 워런 위어스비(Warren W. Wiersbe)는 그들이 세 가지를 몰랐다고 이야기합니다.

첫째, 주님을 몰랐습니다.

그들은 예수님이 왕이시라는 사실을 몰랐습니다. 또한 예수님이 하나님이 보내신 독생자, 그리스도이심을 몰랐습니다. 그러므로 그들은 자신들이 지금 인류를 구원하러 오신 메시아를 못 박고 있다는 사실을 몰랐습니다.[5]

둘째, 자신의 행위를 몰랐습니다.

그들은 자신들의 행동이 하나님의 말씀을 이행하는 것이었음을 몰랐습니다. 그들은 자신도 모르는 사이에 성경 말씀을 실행하고 있었습니다. 주님의 옷을 나눔으로 시편 22편 18절 말씀을 이행했습니다. 주님께 신 포도주를 드림으로써 시편 69편 21절의 말씀을 이행했습니다. 주님을 행악자들과 함께 십자가에 못 박음으로 이사야 53장 12절의 말씀을 이행했습니다.[6]

셋째, 자신들의 죄를 몰랐습니다.

그들은 지금 자신들이 얼마나 큰 죄를 짓고 있는지를 몰랐습니다. 그들은 사람을 죽이는 일을 밥 먹듯이 하던 사람들이었습니다. 따라서 그날의 사형 집행도 늘 하던 또 하나의 일거리로 생각했을 것입니다. 그러나 그날 그들은 엄청난 일을 저질렀습니다.

그들은 죄가 전혀 없으신 분을 죽였습니다. 놀랍게도 그들은 그 날, 하나님을 죽였습니다.[7]

이렇게 그들은 자신들이 무슨 일을 하는지 모르면서 십자가형을 집행했습니다. 그러나 로마 군인들만 몰랐을까요? 우리도 마찬가지입니다. 오늘날 사람들은 예수님을 거부하면서도 자신이 얼마나 큰 죄를 저지르고 있는지를 모릅니다. 생명까지 바치신 주님의 십자가 사랑을 거부하는 것이 얼마나 큰 죄인지를 모르고 있습니다. 물론 모르고 했다고 해서 '무지'가 '무죄'가 되는 것은 아니지만 그래도 무지해서 죄를 지었기에 용서할 수 있는 근거가 됩니다.

예수님은 인간의 죄는 용서해 주셨지만, 사탄의 죄는 절대로 용서하지 않으셨습니다. 사랑이 많으신 예수님이 왜 사탄은 용서하지 않으실까요? 여기에는 이유가 있습니다. 인간은 사탄에게서 유혹을 받았습니다. 그러나 사탄은 유혹자 자체입니다. 인간은 뭘 모르고 선악과를 먹었습니다. 하지만 사탄은 모든 것을 알고 선악과를 먹게 했습니다. 인간은 유혹을 당했지만, 사탄은 유혹자 자체이기에 영원히 용서받을 수 없습니다. 반면 인간에게는 용서받을 여지가 있습니다. 모든 것을 다 알고 죄를 지은 것은 아니기 때문입니다. 베드로는 유대 지도자들에게 다음과 같은 말로 회개할 기회를 주었습니다.

"형제들아 너희가 알지 못하여서 그리하였으며 너희 관리들도 그리한 줄 아노라"(사도행전 3:17).

사도 바울도 자신의 회심에 대해 다음과 같이 고백합니다.

"내가 전에는 비방자요 박해자요 폭행자였으나 도리어 긍휼을 입은 것은 내가 믿지 아니할 때에 알지 못하고 행하였음이라"(디모데전서 1:13).

바울은 자신이 알지 못해서 그랬다고 이야기합니다. 물론 이것이 그의 잘못에 대한 면죄부를 줄 수는 없지만 그래도 하나님이 그에게 긍휼을 베풀어 주실 이유는 됩니다.

사실 사람들이 똑똑한 듯 보이지만 모든 것을 다 아는 것은 아닙니다. 사람들은 죄를 짓고 하나님께 끝까지 반항한다면 지옥으로 가서 영원한 고통을 받게 된다는 사실을 모릅니다. 또한 지옥이 얼마나 괴로운 곳인지도 잘 알지 못합니다.

만약 그 사실을 제대로 안다면 하나님 앞에서 회개하지 않을 사람은 아무도 없을 것입니다. 예수님은 우리의 이러한 무지함을 우리의 연약함으로 인정하고 덮어 주셨습니다. 크신 은혜요 사랑입니다.

예수님의 기도가 가져온 결과는 놀라웠습니다

예수님의 '용서의 기도'는 죄인에게 소망을 주는 기도입니다. 이 세상에서 구세주를 못 박는 죄만큼 큰 죄가 어디에 있겠습니까? 그러나 그러한 죄도 예수님의 기도로 용서받을 가능성이 열리게 되었습니다. 클래런스 크랜포드(Clarence Cranford)는 이렇게 말했습니다.

"십자가의 이 기도로 예수님은 자신을 고문한 사람들이 아버지께 회개하고 나아올 수 있는 용서의 다리를 놓고 계셨다."[8]

예수님의 이 놀라운 기도의 결과가 어떤 것이었습니까? 이 기도 때문에 용서의 은혜가 파도처럼 흘러갔습니다. 성공회 주교였던 존 C. 라일(John Charles Ryle)은 다음과 같이 말했습니다.

"예수님께서 십자가 처형을 당하신 후 첫 6개월 동안 예루살렘에서 일어난 회심 중, 얼마 정도가 이 놀라운 기도에 대한 직접적인 응답인지 우리는 전혀 알 수 없다. 어쩌면 십자가에 달린 강도의 회개가 이 기도에 대한 첫 번째 응답일 수도 있다. 그리고 주님을 가리켜 '의인'이라고 선언했던 백부장이나 주님의 죽으심을 보고 '가슴을 치며 돌아갔던' 사람들이 이 말씀에 깊은 감명을 받았을 수도 있으며, 오순절 성령강림 사건 때에 회심한 3천 명의 무리 중 주님을 핍박하는 일에 가담했던 사람이 있을 수도 있다. … 우리는 이 놀라운 기도가 응답되었다고 확신한다."[9]

예수님의 십자가 사건 이후에 수많은 사람이 자신의 죄를 회개하고 구원을 받았습니다. 이것은 예수님의 기도가 놀랍게 응답된 것을 보여 줍니다. 또한 이러한 예수님의 기도는 그리스도인들에게 아름다운 기도의 모범이 되었습니다. 스데반도 죽기 전에 다음과 같이 기도했습니다.

"그들이 돌로 스데반을 치니 스데반이 부르짖어 이르되 주 예수여 내 영혼을 받으시옵소서 하고 무릎을 꿇고 크게 불러 이르되 주여 이 죄를 그들에게 돌리지 마옵소서 이 말을 하고 자니라"(사도행전 7:59-60).

스데반의 기도는 용서의 기도라는 면에서 예수님의 기도와 유사합니다. 그 결과 어떤 일이 일어났습니까? 사도 바울의 회심이 일어났습니다. 스데반의 죽음에 직접 관여한 사람인 사도바울이 스데반의 기도로 인해 용서받았습니다. 오늘날 우리가 구원받을 수 있는 것도 사실은 예수님의 '용서의 기도' 덕분입니다.

로마 군병뿐만 아니라 우리도 예수님을 못 박은 사람들입니다. 나의 죄로 인해서도 예수님이 죽으셨습니다. 그러나 예수님이 용서해 주셨기 때문에 나에게도 구원의 기회가 있습니다.

여기서 한 가지 기억할 것이 있습니다. 예수님은 십자가 위에서 일방적으로 용서를 선포하셨지만, 그렇다고 그것이 무조건적인 용서는 아니라는 점입니다. 자신의 죄를 인정하고 회개하는 자에게만 하나님의 용서가 임합니다. 그래서 성경은 회개를 강조합니다. 베드로는 그의 설교를 듣는 사람들에게 다음과 같이 말했습니다.

"베드로가 이르되 너희가 회개하여 각각 예수 그리스도의 이름으로 세례를 받고 죄 사함을 받으라"(사도행전 2:38).

베드로는 분명히 "회개하여 죄 사함을 받으라"라고 이야기했습니다. 예수님을 믿으면 구원을 받는다는 사실은 맞지만, 그 이전에 자신이 죄인임을 인정하고 회개해야 합니다. 그것이 나를 위해 피 흘려 주신 예수님의 은혜에 보답하는 마땅한 자세입니다. 예수님이 십자가 위에서 그토록 담대하게 용서를 외칠 수 있었던 이유는 예수님이 흘리신 피 때문이었습니다. 성경은 다음과 같이 이야기합니다.

"육체의 생명은 피에 있음이라 내가 이 피를 너희에게 주어 제단에 뿌려 너희의 생명을 위하여 속죄하게 하였나니 생명이 피에 있으므로 피가 죄를 속하느니라"(레위기 17:11).

성경은 분명히 '피가 죄를 속한다'라고 이야기하고 있습니다. 그러므로 예수님의 기도는 그저 입술로만 드리는 공허한 기도가 아니었습니다. 이 기도를 하는 순간, 예수님은 우리의 죄를 위하여 피를 흘리고 계셨기 때문에 용서의 기도를 하실 수 있었던 것입니다. 우리는 이 놀라운 사랑과 은혜를 잊지 말아야 합니다.

"적들을 위해 기도하시는 그리스도는 우리에게 잘못하고 우리를 미워하는 사람들을 어떻게 대해야 하는지 완벽한 모범을 보여 주셨을 뿐 아니라 그 어느 누구도 기도 대상에서 제외될 수 없다는 것을 가르쳐 주셨다."[10]
_ 아더 핑크

2

구원의 말씀

오늘 네가 나와 함께
낙원에 있으리라

2

구원의 말씀

"예수께서 이르시되 내가 진실로 네게 이르노니
오늘 네가 나와 함께 낙원에 있으리라 하시니라"(누가복음 23:43).

가상칠언의 두 번째 말씀은 예수님이 십자가에 달리셨을 때 옆에 있던 강도에게 주신 '구원의 말씀'입니다. 스펄전은 자신의 설교에서 이 죄수가 지상에서 주님의 '마지막 동반자'였을 뿐만 아니라, 천국에 함께 들어간 '최초의 동반자'라고 말했습니다.

강도에게 임한 구원의 은혜

예수님이 십자가에 달리셨을 때 양옆으로 강도들이 있었습니다. 그들은 예수님의 좌우편에 매달려 있었습니다. 요한복음에 나오는 두 사람이 바로 그 강도들입니다.

"그들이 거기서 예수를 십자가에 못 박을새 다른 두 사람도 그와 함께 좌우편에 못 박으니 예수는 가운데 있더라"(요한복음 19:18).

이 상황에 대해 아더 핑크는 탄생의 자리에서 가축들에게 둘러싸여 계셨던 주님이 죽음의 자리에서는 흉악한 인간들 사이에 계셨다고 이야기했습니다.[11] 예수님은 왜 십자가에서 죽으실 때 범죄자 사이에 달려서 돌아가셨을까요? 일차적으로는 성경의 예언을 이루시기 위함입니다. 이사야서 53장 12절에 보면 메시아는 '범죄자 중 하나로 헤아림을 받을 것'이라고 예언되어 있습니다.

하지만 여기에 더해 아더 핑크는 예수님이 강도 사이에서 죽으신 이유를 두 가지 더 언급합니다. 첫째는 주님이 헤아릴 수 없는 수치를 당하시고 낮아지신 것을 온전히 보여 주시기 위해서라는 것입니다. 둘째는 우리를 대신하여 수치의 자리, 범죄자의 자리, 죽을 수밖에 없는 죄인의 자리에 서신 것을 보여 주시기 위해서라는 것입니다.[12]

그렇습니다. 예수님이 매달리신 그 자리는 사실은 우리가 있어야 할 자리였습니다. 우리 또한 하나님 앞에서 흉악한 죄인이기 때문입니다. 그러나 주님이 그 자리에 있어 주셨기 때문에 우리는 참혹한 심판을 받지 않게 되었습니다. 이 얼마나 감사한 일입니까?

더욱 감사한 것은 이러한 십자가 고통의 순간에도, 주님은 참회하는 자에게 구원의 손길을 내미셨다는 것입니다. 아더 핑크는 다음과 같이 이야기합니다.

"주 예수께서는 군중들이 던지는 비난 소리를 신경 쓰지 않으셨다. 십자가에서 내려와 보라는 대제사장들의 모욕에도 반응하지 않으셨다. 그러나 믿고 참회하는 자의 기도 소리에는 귀를 기울이셨다."[13]

그렇습니다. 십자가에 달리신 주님은 온갖 비난과 모욕의 소리에도 일절 반응하지 않으셨습니다. 그러나 죽어가는 강도가 은혜를 구했을 때 곧바로 응답하셨습니다. 그 이유는 예수님이 이 땅에 오신 목적이 바로 '잃어버린 자를 찾아 구원하는 것'이었기 때문입니다.

"인자가 온 것은 잃어버린 자를 찾아 구원하려 함이니라"(누가복음 19:10).

그렇습니다. 예수님은 잃어버린 자를 찾아 구원하기 위해 오셨기 때문에 마지막 순간까지 자신의 목적에 충실하셨던 것입니다. 이 강도는 그날 우연히 예수님 옆에 매달린 것이 아닙니다. 하나님의 계획하심 가운데 우연이란 없습니다. 하나님의 깊은 뜻과 섭리 가운데 그 강도는 그날 예수님 옆에 매달리게 된 것입니다. 그러므로 그는 큰 불행 가운데서도 하나님의 놀라운 축복을 받았습니다.

우리도 마찬가지입니다. 그리스도인 가운데 우연히 예수님을 믿고 구원받은 사람은 단 한 사람도 없습니다. 하나님은 저와 여러분의 구원에 대한 계획을 오래전부터 세우시고 그때 그 시간, 그 장소에서, 그 사람을 통해 구원을 받게 하셨습니다. 그래서 성경은 다음과 같이 말합니다.

"그 기쁘신 뜻대로 우리를 예정하사 예수 그리스도로 말미암아 자기의 아들들이 되게 하셨으니"(에베소서 1:5).

하나님은 '기쁘신 뜻' 가운데 우리의 구원을 예정하셨습니다. 그리하여 우연처럼 느껴지는 일련의 과정을 통해 여러분을 교회로 이끌고, 주님께로 인도하신 것입니다. 이 모든 것이 하나님의 놀라운 섭리와 은혜 가운데 일어난 일임을 기억해야 합니다.

두 강도, 다른 반응

그런데 그날 예수님 옆에는 그 강도만이 있었던 것이 아닙니다. 또 다른 강도 한 명이 더 있었는데 안타깝게도 그는 구원을 받지 못했습니다. 실제로 두 강도는 입장이 비슷했습니다. 둘 다 강도였고 십자가 위에서 대화를 주고받는 모습을 보면 서로 아는 사이였던 것 같습니다. 성경에는 이름이 나오지 않지만 전해 오는 기록에 의하면 한 사람의 이름은 디스마스(Dismas)이고 또 한 사람의 이름은 게스타스(Gestas)입니다. 그러나 두 사람의 운명은 완전히 달라졌습니다.[14]

둘 중에서 누가 디스마스이고 누가 게스타스인지는 모릅니다. 그러나 중요한 것은 그중의 한 사람은 예수님을 영접했고 또 한 사람은 끝까지 거부했다는 것입니다. 왜 이런 일이 발생한 것일까요? 둘이 똑같이 강도질을 했고, 똑같이 예수님 옆에 매달렸고, 똑같이 십자가에서 죽었습니다.

그런데 왜 한 사람은 구원을 받았고, 다른 한 사람은 구원을 받지 못하고 영원한 지옥으로 갔을까요? 성경을 자세히 살펴보면 구원받은 강도가 구원받지 못한 강도와 달랐던 점이 몇 가지 있습니다.

첫째, 그는 자신의 죄를 인정했습니다.

구원받은 강도는 자신이 죄인임을 인정했습니다. 그러나 다른 강도는 자신이 죄인임을 인정하지 않았습니다. 그는 다음과 같이 말했습니다.

"달린 행악자 중 하나는 비방하여 이르되 네가 그리스도가 아니냐 너와 우리를 구원하라"(누가복음 23:39).

그는 고통 속에서 죽어가는 상황에서도 구세주를 조롱하기에 급급했습니다. 이것을 보면 우리는 무엇을 깨달을 수 있습니까? 마지막 순간에 회개한다는 것이 결코 쉬운 일이 아니라는 사실을 알 수 있습니다. 많은 사람이 이렇게 생각합니다. '너무 일찍 예수님을 믿으면 마음대로 살지 못하니까, 인생을 실컷 즐기고 마지막 죽는 순간에 예수님을 믿어야지.' 그러나 생각보다 그것이 쉽지 않다는 것을 알아야 합니다. 지금까지 살아왔던 방식이 있기 때문입니다.

회개는 돌이키는 것인데 한순간에 갑자기 돌이키기란 쉬운 일이 아닙니다. 구원받지 못한 강도를 보십시오. 죽어가는 그 순간에도, 도무지 인생의 소망이 없는 그 순간에도 끝까지 회개하지 않습니다. 바로 옆에 자신을 구원하실 구세주가 있는데도 끝까지 예수님을 조롱합니다. 이것을 보면 회개하고 구원받은 강도에게는 아주 특별한 은혜가 임한 것을 알 수가 있습니다. 그러므로 우리는 마지막 순간에 회개하려고 하면 안 됩니다. 구원받은 강도는 자신이 죗값을 받고 있다는 사실을 인정했습니다. 그는 예수님을 조롱하는 다른 강도를 꾸짖으며 다음과 같이 말했습니다.

"하나는 그 사람을 꾸짖어 이르되 네가 동일한 정죄를 받고서도 하나님을 두려워하지 아니하느냐 우리는 우리가 행한 일에 상당한 보응을 받는 것이니 이에 당연하거니와 이 사람이 행한 것은 옳지 않은 것이 없느니라 하고"(누가복음 23:40-41).

그는 자신이 지금 고통을 당하는 이유가 "행한 일에 상당한 보응을 받는 것"이라고 말했습니다. 다시 말하면 지금 죗값을 치르고 있다는 사실을 알았다는 것입니다. 이는 그가 자신이 저지른 죄가 사람에게 범죄한 것일 뿐만 아니라 하나님을 거역한 것이라는 사실을 시인한 모습입니다.[15] 아더 핑크는 그가 하나님을 심판자로 깨달았다고 하면서 그의 태도를 다음과 같이 설명합니다.

"그는 자신의 죄와 처벌의 정당성을 인정한다. 스스로에게 선고를 내린다. 변명도 하지 않고 형을 줄이려는 시도도 하지 않는다. 자신이 범죄자이며 자기에게 내려진 죽음을 죄의 대가로 당연히 받아야 한다고 인정한다."[16]

오늘날 많은 사람이 자신의 죄를 죄로 인정하지 않습니다. 죄를 변명하거나 얼버무립니다. 거기에 비하면 이 강도는 자신이 죄인이라는 사실을 분명하게 인정했습니다.

둘째, 그는 예수님이 무죄이심을 고백했습니다.

그는 예수님에 대해 다음과 같이 말합니다. "이 사람이 행한 것은 옳지 않은 것이 없느니라." 그는 비록 자신은 죄인이지만 그리스도께는 죄가 없다는 사실을 확신했습니다. 그런데 놀랍게도 성경을 보면 처음에는 두 명의 강도 모두 예수님을 비방했습니다.

"함께 십자가에 못 박힌 강도들도 이와 같이 욕하더라"(마태복음 27:44).

분명히 단수가 아니고 복수입니다. "함께 십자가에 못 박힌 강도들"이 예수님을 비난하고 욕했습니다. 그러다가 이렇게 한 명의 강도가 갑자기 태도를 바꾸었습니다. 어떻게 해서 이런 일이 일어났을까요? 그것은 그가 예수님이 죄인들을 위하여 기도하시는 모습을 보았기 때문입니다.

그는 예수님이 자신을 못 박는 자들을 용서하시는 기도 소리를 듣고 마음에 큰 감동을 받은 것 같습니다. 그러면서 그는 이런 기도를 하는 분이시라면 죄인이 아니라는 사실을 안 것입니다.

또한 그 강도는 예수님의 옆에 달렸기 때문에 십자가 위의 팻말을 볼 수 있었을 것입니다. 거기에는 "나사렛 예수 유대인의 왕"(요 19:19)이라고 쓰여 있었습니다.

이 글자는 빌라도에 의해 쓰인 것으로 워런 위어스비는 그것을 "쓰여 있는 최초의 복음"이라고 말했습니다.[17] 즉, '글자로 기록된 최초의 복음'이라는 것입니다. 빌라도가 예수님을 조롱하기 위한 목적으로 그 팻말을 써서 붙였지만 아이러니하게도 그것이 예수님이 어떤 분이신가 하는 것을 모든 사람에게 알려주는 역할을 하게 되었습니다.

그 강도들은 예수님의 양옆에 있었기 때문에 서로에게 이야기할 때 예수님을 보아야만 했을 것입니다. 그리고 예수님을 보았을 때 그 팻말을 보지 않을 수 없었을 것입니다. 그것은 그들에게 예수님이 누구신지를 알려주었습니다.[18]

제임스 몽고메리 보이스(James Montgomery Boice)는 이에 덧붙여 놀라운 사실을 지적합니다. 엄밀히 말해 두 강도 모두 예수님께 구원을 요청했다는 것입니다. 성경을 자세히 보면 다른 강도도 예수님께 자기를 구원하여 달라고 이야기하는 내용이 나옵니다.

"달린 행악자 중 하나는 비방하여 이르되 네가 그리스도가 아니냐 너와 우리를 구원하라"(누가복음 23:39).

정말 충격적인 사실입니다. 이 강도도 예수 그리스도께 자신의 '구원'을 요청했습니다. 그런데 그는 구원을 얻지 못했습니다. 어떻게 이러한 일이 일어났을까요? 그것은 바로 그 강도가 진지하지 못했다는 것입니다. 그는 예수님을 모욕했고 조롱조로 말했습니다.

또 하나의 문제는 그가 간구했던 구원은 영혼의 구원이 아니라 육체의 구원이었습니다. 그는 예수님이 십자가에서 내려오셔서 자기를 구해 주기를 바랐습니다. 단순히 현재의 고통에서 벗어나기를 원했습니다. 그러나 예수님이 십자가를 통해 주시려 한 것은 죗값을 치러 사망에 대한 영원한 승리를 얻는 것, 즉 영생이었습니다.[19]

물론 예수님은 스스로 십자가에서 내려오실 능력도 있고, 그 강도를 십자가에서 살려내실 능력도 있었습니다. 하지만 만약에 예수님이 그 강도의 요구를 들어주기 위해서 십자가에서 내려오셨다면 우리 인간을 위한 영혼 구원의 사역은 이루어지지 못했을 것입니다.

셋째, 회개한 강도는 예수님에 대한 믿음을 드러냈습니다.

구원받은 강도는 이 세상의 일시적인 곤경으로부터의 구원이 아닌 영혼의 구원을 예수님께 간구했습니다. 그의 간구를 읽어 보겠습니다.

"이르되 예수여 당신의 나라에 임하실 때에 나를 기억하소서 하니"(누가복음 23:42).

그는 예수님께 "당신의 나라에 임하실 때 나를 기억해 달라"라고 했습니다. 그는 이렇게 미래적인 구원을 간구했습니다. 하지만 놀랍게도 예수님은 그에게 현재적인 구원을 약속하셨습니다.

"예수께서 이르시되 내가 진실로 네게 이르노니 오늘 네가 나와 함께 낙원에 있으리라 하시니라"(누가복음 23:43).

예수님은 "오늘 네가 나와 함께 낙원에 있으리라"라고 하시며 지금 '당장'의 구원을 약속하시고 낙원도 약속하셨습니다. 여기서 놀라운 사실은 예수님이 그 강도에게 '나와 함께' 낙원에 있으리라고 하셨다는 것입니다. 예수님은 강도에게 낙원이라는 장소뿐만 아니라 자신과의 친밀한 관계도 약속하셨습니다. 이렇게 예수님은 강도가 기대했던 것보다 훨씬 더 풍성한 구원을 약속하셨습니다. 그리고 그 약속의 확실성을 강조하기 위해 "내가 진실로 네게 이르노니"라는 말까지 덧붙이셨습니다.

우리는 강도의 믿음을 쉽게 생각해서는 안 됩니다. 오늘날 대부분의 사람이 예수님의 위대하심을 인정합니다. 하지만 당시 예수님은 너무나 연약하고 수치스러운 상황에 놓이셨습니다. 적들에게 둘러싸여 계셨고 예수님의 친구들은 대부분 그분을 버렸습니다. 사람들은 예수님께 비난의 말을 쏟아부었습니다. 예수님은 초라하게 십자가에 달려 계셨기에 메시아와는 전혀 어울리지 않아 보이셨습니다.[20]

이러한 상황에서 그 강도가 예수님께 한 말들을 보면 정말 놀랍습니다. 그는 예수님께 "당신의 나라에 임하실 때 나를 기억해 달라"라고 이야기했습니다. 이것을 NIV 성경으로 보면 다음과 같습니다.

> Then he said, "Jesus, remember me when you come into your kingdom"(Luke 23:42).

그는 예수님께 'your kingdom'(당신의 왕국)이라고 표현했습니다. 그는 예수님이 '자신의 나라를 소유하신 왕'이라는 사실을 믿었습니다. 또한 그는 예수님이 자신의 왕국으로 다시 돌아오실 것을 믿으며 'come into your kingdom'(당신의 나라로 오실 때)이라고 말했습니다.

이것은 그 강도가 '예수님의 재림'을 기대했다는 것을 말해 줍니다. 정말 대단한 믿음입니다. 옆에서 자신과 똑같은 모습으로 피 흘리며 죽어가시는 예수님을 보면서 이런 믿음을 가졌다는 것은 놀랍습니다. 어윈 루처(Erwin W. Lutzer)는 이 두 명의 강도를 비교하며 다음과 같이 말했습니다.

"두 강도에게는 똑같은 기회가 있었다. 두 사람 모두 '아버지여 저희를 사하여 주옵소서'라고 하는 예수님의 기도를 들었다. 두 사람 모두 예수님이 스스로를 유대인의 왕이라고 하신 것에 대하여 조롱을 당하고 있다는 것을 알았다. 둘 다 예수님의 적들이 하는 다음과 같은 증언을 들었다. '저가 남을 구원하였으니 만일 하나님이 택하신 자 그리스도이면 자신도 구원할지어다'(눅 23:35). 그러나 결과적으로 두 사람은 영원히 분리되어 각자 자신의 운명의 길을 걷게 되었다."[21]

이것은 두 강도만의 이야기가 아닙니다. 인류는 이제 예수 그리스도를 중심으로 운명이 둘로 나뉘었습니다. 부유한지 가난한지, 흑인인지 백인인지, 여자인지 남자인지는 아무런 상관이 없습니다. 오직 예수 그리스도를 믿는가 믿지 않는가에 의해 사람은 각기 다른 운명을 맞이하게 됩니다. 예수 그리스도를 받아들이는 사람은 죄 용서함을 받아 영생을 얻게 되고, 끝까지 예수 그리스도를 부인하는 사람은 영원한 멸망으로 떨어지게 됩니다.

놓칠 수 없는 구원의 기회

이 강도는 우리에게 주어진 구원의 기회를 놓치면 안 된다는 사실을 보여 줍니다. 하나님은 왜 이 시간에 그 강도를 예수님 옆에 있게 하셨을까요? 저는 여기에 세 가지 이유가 있다고 생각합니다.

첫째, 하나님의 구원의 은혜에는 제한이 없다는 사실을 보여 주시기 위함입니다.

즉, 아무리 악한 강도라고 하더라도 진심으로 회개하면 구원의 기회가 주어진다는 사실을 보여 주시고자 하는 뜻이 있었다는 것입니다.

둘째, 구원은 철저히 믿음으로 받는다는 사실을 가르쳐 주시기 위함입니다.

만약 구원에 행함을 더해야 한다면 강도에게는 도무지 방법이 없었습니다. 이 강도는 착한 일을 할 시간이 전혀 없었습니다. 자선을 베풀 시간도 없었고, 세례를 받을 시간도 없었습니다. 그러나 이 강도는 구원을 받았습니다. 이는 오로지 주님을 진심으로 믿기만 하면 그 누구라도 구원을 받을 수 있다는 사실을 보여 줍니다.

셋째, 마지막 순간에라도 회개하면 구원을 받을 수 있다는 사실을 알려 주시기 위함입니다.

이 강도는 '천국행 막차'를 탔습니다. 그러나 막차라도 탄 것이 어디입니까? 이를 통해 마지막 순간일지라도 회개하면 구원을 받을 수 있다는 사실을 보여 줍니다.

이 강도에 관한 글을 준비하다가 제가 존경하는 목사님께 들었던 일화가 생각이 났습니다. 故 김덕신 목사님은 합동측 총회장을 지내셨고, 대구 경북지역에서 영성 있는 목사님으로 널리 알려진 분이십니다. 제가 부목사로 섬기던 대구 동부교회의 담임목사님이시기도 했습니다.

한번은 목사님이 설교 도중에 이런 이야기를 하셨습니다. 과거에 섬기던 교회에 한 나이 드신 권사님이 계셨는데 이분의 남편이 곧 돌아가시게 되어서 목사님이 급히 그 집을 방문하셨습니다. 권사님은 남편의 구원을 위해서 오랫동안 기도해 오셨는데 목사님이 보니 상황이 너무 심각하였습니다.

권사님의 남편에게 복음을 전해야 하는데 이미 병이 너무 위중한 상태였던 것입니다. 사람이 왔는지도 모르고 벽을 향해 돌아누워 있는데 대화가 도무지 안 됩니다. 피부색은 이미 검게 변한 상태이고 목사님이 아무리 복음을 설명해도 반응이 없습니다. 귀가 안 들리는지, 말을 못 하게 되었는지 아무리 이야기를 건네도 전혀 반응이 없습니다. 이러한 남편을 보고 권사님이 너무 안타까워서 웁니다. 울고 있는 권사님을 보니까 목사님도 마음이 아파서 눈물이 났다고 합니다. 그러나 상대방이 귀도 막히고 대화도 통하지 않으니 도저히 복음을 전할 방법이 없었습니다. 이제 조금만 있으면 곧 숨이 넘어갈 판인데 어떻게 해야 할지 알 수가 없었습니다.

그때 갑자기 하나님이 주시는 감동이 있었습니다. 그래서 목사님은 돌아누워 있는 환자에게 예수님이 강도에게 하신 말씀을 들려주었습니다.

"네가 나와 함께 낙원에 있으리라.", "네가 나와 함께 낙원에 있으리라." 이 말을 계속해서 들려주었는데 놀라운 일이 일어났습니다. "네가 나와 함께 낙원에 있으리라." 이 말을 일곱 번째 하는데 벽을 향해 누워있던 사람이 갑자기 목사님 쪽으로 스르르 돌아눕는 것입니다. 그러면서 얼굴에서 환하게 빛이 나면서 "아멘"하고 숨을 거둔 것입니다.

이 사람은 예수님 옆에 있던 강도처럼 마지막 죽음의 순간에 구원을 받은 것입니다. 여러분, 마지막 순간에라도 구원을 받은 것이 얼마나 감사합니까? 그러나 우리가 알아야 할 사실이 있습니다. 예수님 옆의 그 강도는 마지막 순간에 구원을 받았지만, 처음으로 복음을 들은 순간에 예수님을 받아들였다는 것입니다. 즉, 그는 인생의 첫 번째 초청에 응한 것입니다.[22] 여기에 대하여 어윈 루처는 다음과 같이 말했습니다.

"예수님이 물을 포도주로 변화시켰을 때 그는 그 자리에 없었다. 예수님이 폭풍우를 잠재우시고 수천 명을 먹이셨을 때도 그는 그 자리에 없었다. 그는 산상 설교도 듣지 못했고, 중풍 병자에게 '네 죄가 사함받았다'고 하신 그리스도의 말씀도 듣지 못했다. 그에게는 그 마지막 때가 그리스도를 알게 된 첫 기회였다."[23]

그렇습니다. 구원받은 강도는 자신에게 주어진 첫 번째 기회를 붙잡은 것입니다. 만약에 그 강도가 첫 번째 기회에 예수님 믿는 것을 미루었다면 그에게는 더 이상의 기회가 없었을 것입니다.

오늘날 많은 사람이 복음을 전하면 "다음번에 믿지요" 하면서 미룹니다. 그러나 그 '다음번'이 올지는 아무도 알 수가 없습니다. 사람이 언제 죽을지는 아무도 모르기 때문입니다. 그러므로 나에게 복음의 기회가 주어졌을 때 바로 붙잡아야 합니다. 성경은 다음과 같이 말합니다.

"이르시되 내가 은혜 베풀 때에 너에게 듣고 구원의 날에 너를 도왔다 하셨으니 보라 지금은 은혜 받을 만한 때요 보라 지금은 구원의 날이로다"(고린도후서 6:2).

그렇습니다. 지금 이 순간이 바로 내가 복음에 대해 반응해야 할 때입니다. 이 기회를 놓치면 다음번 기회는 오지 않을 수도 있기 때문입니다. 오늘 성경에 나오는 강도는 자신에게 주어진 처음이자 마지막 기회를 붙잡았습니다. 우리도 마땅히 그렇게 해야 합니다.

"구주는 저주받은 나무 위에서 고난당하고 계셨다. 그러나 심지어 그럴 때라도, 그런 곳에서도 영혼을 죽음에서 구원하시고, 천국의 문을 열 수 있는 능력이 있으셨다."[24]
_ 아더 핑크

3

사랑의 말씀

여자여 보소서
아들이니이다

사랑의 말씀

"여자여 보소서 아들이니이다 하시고 또 그 제자에게 이르시되 보라 네 어머니라 하신대"(요한복음 19:26-27).

예수님의 가상칠언 세 번째 말씀은 자신의 어머니를 제자 요한에게 부탁하신 '사랑의 말씀'입니다.

기독교는 제사를 지내지 않는다는 이유로 불효하는 종교라는 오해를 사는 경우가 종종 있습니다. 그러나 십계명과 바울의 가르침을 보면 성경은 부모 공경에 대해 강조하고 있음을 발견할 수 있습니다. 예수님이 돌아가시기 전, 어머니 마리아를 요한에게 부탁하신 이유는 무엇일까요? 여기에 대하여 세 가지를 생각해 보겠습니다.

마리아를 위해서

첫 번째는 자신의 어머니인 마리아를 위해서입니다. 마리아는 인간이 누릴 수 있는 최고의 영광을 누렸습니다. 구세주이신 예수 그리스도를 잉태하여 탄생하게 하는 역할을 맡았기 때문입니다. 그러나 이 사명에는 아들이 십자가에서 고통스럽게 죽어가는 것을 지켜보아야 하는 고난이 포함되어 있었습니다.

어머니 마리아는 아들 예수가 앞으로 엄청난 고난을 겪게 될 것을 알았을까요? 정확하게는 알지 못했겠지만 어느 정도 짐작은 하였을 것입니다. 아기 예수가 탄생한 지 사십 일째 되었을 때 마리아와 요셉은 정결 예식을 위해 예루살렘 성전으로 올라갔습니다.

거기에서 그들은 시므온이라고 하는 경건한 노인을 만났습니다. 시므온은 아기 예수를 안고 마리아에게 다음과 같이 말했습니다.

"시므온이 그들에게 축복하고 그의 어머니 마리아에게 말하여 이르되 보라 이는 이스라엘 중 많은 사람을 패하거나 흥하게 하며 비방을 받는 표적이 되기 위하여 세움을 받았고 또 칼이 네 마음을 찌르듯 하리니 이는 여러 사람의 마음의 생각을 드러내려 함이니라 하더라"(누가복음 2:34-35).

시므온은 칼이 마리아를 찌르는 듯한 고통을 겪게 될 것이라고 이야기했습니다. 마리아는 예수 그리스도의 비범함을 알아보았습니다. 그러나 동시에 그녀는 예수 그리스도께 온갖 오해와 조롱과 경멸들이 쏟아지는 것도 묵묵히 지켜보아야 했습니다.

무엇보다 시므온이 예언한 대로 칼이 그녀의 마음속 깊은 곳을 찌르는 듯한 고통을 느끼게 된 것은 십자가에서입니다. 그녀는 사랑하는 아들이 십자가 위에서 말로 다 표현할 수 없는 고통을 당하는 것을 지켜봐야 했습니다. 성경은 십자가 밑에 선 마리아의 모습을 다음과 같이 묘사합니다.

"예수께서 자기의 어머니와 사랑하시는 제자가 곁에 서 있는 것을 보시고"(요한복음 19:26).

아더 핑크는 어머니 마리아가 '서 있었다'는 말에서 영감을 얻어 다음과 같이 이야기했습니다.

"칼이 서서히 마리아의 영혼을 관통하고 있을 슬픔과 고통의 시간을 누가 가늠할 수 있을까? 신경질적이거나 발악하는 슬픔은 없었다. 여인의 약함을 보이지도 않았고, 주체할 수 없는 고통을 미친 듯이 울부짖지도 않았으며, 정신을 잃지도 않았다. 사복음서 어디에도 그녀의 입에서 나온 말이 기록되어 있지 않다. 그녀는 분명히 굳게 잠긴 침묵 속에서 아파했다. 그러나 그녀의 슬픔은 사실이었고 극심했다. … 이런 장면을 보고 그녀가 기절했다고 해도 이해할 수 있다. 그런 상황에서 돌아서 버렸다고 해도 공감할 수 있다. 그런 광경을 보고 뛰쳐나갔다고 해도 납득할 수 있다. 그러나 그녀는 거기에 있다. 두려움에 위축되지도 않았고, 기절하지도 않았으며, 슬픔에 겨워 자리에 주저앉지도 않았다. 그녀는 서 있다."[25]

마리아는 그 힘든 시간을 회피하지 않고 맞서 싸웠습니다. 자신의 아들이 인류의 구원을 위해 온몸으로 고난을 겪는 것을 지켜보며 서 있었습니다. 이러한 어머니의 모습을 보면서 예수님이 마침내 입을 여십니다. 윌리엄 바클레이(William Barclay)는 이렇게 말합니다.

"세상의 구원을 위해 십자가의 질고 가운데 계신 예수님은 절체절명의 순간에 자신이 가고 나면 겪게 될 어머니의 외로움을 생각하셨다."[26]

예수님은 마지막 순간까지 홀어머니인 마리아를 위해 맏아들의 역할을 충실히 하고자 하셨습니다. 당시 마리아에게는 남편 요셉이 없었던 것 같습니다. 요한복음 2장을 살펴 보면 가나의 혼인 잔치에 마리아가 나타나지만, 요셉이 참석했다는 기록은 없습니다.

예수님이 12살 소년이었을 때 성전을 방문했던 사건에는 요셉이 등장하지만, 그 이후에는 등장하지 않습니다. 이로 보건대 예수님이 공생애를 시작하시기 전에 요셉이 이미 사망했을 가능성이 큽니다. 그러므로 예수님은 자신이 떠난 후에 과부로 남을 어머니를 위하여 더욱 애정 어린 관심을 가지신 것입니다.

그런데 여기서 궁금한 점이 있습니다. 그때까지 어머니에 대해 침묵하시던 예수님이 왜 하필이면 그 순간에 어머니에 대해서 언급하셨을까요? 여기에 대한 흥미로운 추측이 있습니다. 예수님이 어머니에 관한 말씀을 시작하시기 바로 직전에 군병들은 예수님의 속옷을 가지기 위해 제비를 뽑고 있었습니다.

"군인들이 예수를 십자가에 못 박고 그의 옷을 취하여 네 깃에 나눠 각각 한 깃씩 얻고 속옷도 취하니 이 속옷은 호지 아니하고 위에서부터 통으로 짠 것이라 군인들이 서로 말하되 이것을 찢지 말고 누가 얻나 제비 뽑자 하니 이는 성경에 그들이 내 옷을 나누고 내 옷을 제비 뽑나이다 한 것을 응하게 하려 함이러라 군인들은 이런 일을 하고"(요한복음 19:23-24).

유대인들은 보통 다섯 부분으로 나뉜 옷을 입었습니다. 그러므로 여기서 군인들이 예수님을 십자가에 못 박을 때 "그의 옷을 취하여 네 깃에 나눠 각각 한 깃씩" 얻었다는 말은 그들이 옷을 찢었다는 말이 아니라 네 부분으로 된 옷을 각각 나누어 가졌다는 것을 의미합니다.

하지만 그들은 다섯 번째 옷인 '호지 아니한 속옷', 즉 '위에서부터 아래까지 통으로 짠 속옷'은 누가 가질 것인지 정하기 위해 제비를 뽑았습니다. 이 속옷은 대개 어머니가 아들에게 마련해 주는 옷으로, 당시의 기록에 의하면 예수님이 집을 떠나셨을 때 마리아가 해준 옷이라고 합니다.

그러므로 그 옷을 군병들이 만지는 것을 보는 순간 예수님은 그의 어머니를 주목하게 되었다는 것입니다.[27] 어머니가 자신을 위해 만들어 준 그 옷을 나누기 위해 군인들이 제비를 뽑는 순간에 예수님의 마음은 어머니를 향했습니다. 온갖 멸시와 죽음의 위협을 무릅쓰고 이 땅에 구세주가 탄생할 수 있도록 헌신한 여인, 하늘로부터 주어진 인류 구원의 사명을 위해 고난 겪는 아들을 지켜보는 그 여인을 위해 예수님은 가장 사랑하는 제자 요한에게 그녀를 부탁하고 떠나기를 원하셨습니다.

요한을 위해서

두 번째로는 제자 요한을 위해서입니다. 그 많은 제자 가운데 왜 요한이 마리아를 모시는 특권을 받았을까요? 요한이 예수님의 십자가 옆에 있었기 때문입니다. 예수님이 체포되었을 때 제자들은 모두 도망을 가버렸고, 예수님은 자신에게 주어진 극심한 고난의 잔을 홀로 마셔야 했습니다.

그런데 잠시 후 요한이 되돌아와 예수님의 십자가 곁에 머물렀습니다. 다시 돌아온 요한을 예수님은 나무라지 않으시고 그에게 자신의 어머니를 부탁하셨습니다. 물론 요한에게 이것은 어떻게 보면 부담이라고도 할 수 있습니다. 그러나 우리가 예수님을 믿고 나면 깨닫게 되듯, 십자가를 진다는 것은 다른 말로 하면 큰 은혜를 받은 것입니다.[28]

예수님이 요한에게 어머니 마리아를 맡기신 중요한 이유가 있습니다. 요한은 예수님의 사랑을 가장 많이 받은 사람입니다. 최후의 만찬 때 예수님의 가슴에 기대어 있던 사람이 바로 요한입니다. 즉, 예수님의 심장에 가장 가까이 있던 사람이 바로 요한입니다.

이는 예수님의 사랑을 가장 깊이 이해한 사람이 요한이었다는 의미가 됩니다. 그러므로 요한은 예수님의 어머니를 가장 사랑으로 돌봐줄 수 있는 사람이었습니다. 요한의 별명이 '사랑의 사도'

입니다. 물론 처음부터 그가 그런 사람이었던 것은 아닙니다. 요한은 혈기가 있었고 성질이 급한 사람이었습니다. 성경의 기록을 보면 사마리아 사람들이 예수님을 영접하지 않자 요한과 그의 형제 야고보는 예수님께 다음과 같이 말했습니다.

"우리가 불을 명하여 하늘로부터 내려 저들을 멸하라 하기를 원하시나이까"(누가복음 9:54).

이러한 요한의 급한 성질 때문에 예수님은 그에게 '우레의 아들'이라는 별명까지 붙여 주셨습니다. 그러나 예수님의 사랑이 그를 변화시켰습니다. 그리하여 요한은 '사랑의 사도'가 되었습니다. 그 결과 예수님의 어머니를 가장 사랑으로 대할 수 있는 사람이 되었습니다.

그뿐만이 아닙니다. 다른 제자들은 일찍 순교했지만, 요한은 제자들 가운데 가장 오래 살아남았습니다. 그는 90세가 넘기까지 살았다고 합니다. 그래서 가장 오랫동안 마리아를 돌볼 수 있었습니다. 교회 역사를 보면 요한이 나중에 에베소로 옮겨간 후에도 계속 마리아를 신실하게 잘 섬기며 모셨음을 알 수 있습니다. 에베소에 가면 지금도 사도 요한이 예수님의 어머니를 모시며 살았던 집이 남아 있다고 합니다.

요한은 요한계시록을 기록했습니다. 인류 종말에 관한 이러한 계시를 받아 기록하기 위해서는 얼마나 뛰어난 영성이 있어야 하겠습니까?

요한이 마리아를 모시고 있었기에 그는 오랫동안 예수님에 대한 사랑과 영성을 유지할 수 있었던 것입니다. 그리하여 요한은 요한계시록과 사복음서 중에서 가장 깊이가 있는 요한복음을 기록할 수 있었습니다. 아더 핑크는 이에 대해 다음과 같이 말했습니다.

"경이롭고 영광스러운 일이 요한을 기다리고 있었다는 것을 명심해야 한다. 수년 후에, 예수님은 영광스러운 묵시 속에서 이 제자에게 자신을 드러내실 것이다. 계시의 시간을 기다리는 30년 동안 구주와 가장 친밀하고 깊은 관계 속에서 살았던 그녀와 계속 함께 있는 것보다 더 훌륭하게 계시를 준비하는 방법은 없었을 것이다. 그러므로 이 두 사람, 마리아와 요한이 함께 있는 것이 타당한 의미가 있다는 것을 알 수 있다."[29]

그렇게 볼 때 예수님이 자신의 어머니를 요한에게 부탁하신 것은 어머니를 돌봐줄 사람이 필요하기 때문이기도 하지만, 동시에 사랑하는 제자를 위해서도 그렇게 하신 것입니다.

새로운 관계를 위해서

마지막으로 생각해 볼 것은 예수님이 자신의 어머니와 요한을 연결해 주신 것은 '새로운 영적 관계를 위해서'입니다. 오늘 말씀에서 예수님은 마리아를 어머니라고 부르지 않으시고 "여자여"라고 부르십니다. 이 말은 결코 어머니를 무시하는 말이 아닙니다. "여자여"라는 말은 헬라어로 '귀나이'인데 이 자체가 존칭어입니다. 이 단어는 당시 그리스 사람들이 황후를 부를 때 사용했으며, 남편이 아내를 사랑스럽게 부를 때도 사용했습니다. 그러므로 예수님이 자신의 어머니를 무시해서 이 단어를 사용하신 것은 아닙니다. 다만 이 호칭을 통해서 예수님은 자신과 어머니 사이를 객관화하신 것입니다. 어원 루처는 다음과 같이 말했습니다.

"그 아들이 '여자여 보소서 아들이니이다'라고 말하며 요한 쪽으로 얼굴을 가리킬 때 그녀는 아들이 자신의 죽음에 대해서 그녀를 준비시키고 있음을 깨달았다. 이 땅에서의 인간적 인연은 끝났다. 그리고 천국의 새로운 관계가 시작되려는 순간이었다. 그때 그분은 더 이상 그녀의 아들이 아니라 구원자의 위치에 있을 것이다."[30]

성경 사복음서를 보면 예수님은 단 한 번도 마리아를 어머니라고 부르지 않으셨습니다. 왜 그렇게 하셨을까요? 저는 거기에 두 가지 의미가 있다고 봅니다.

첫째, 사람들이 마리아를 지나치게 높이지 않도록 하시기 위해서입니다. 마리아가 예수님을 낳았다는 것은 사실이나, 그렇다고 그녀가 경배의 대상이 될 수는 없습니다.

둘째, 마리아와 예수님과의 새로운 관계를 말씀하시기 위해서입니다. 마리아는 동정녀로서 예수님을 낳았지만 그것으로 인해 구원받은 것은 아닙니다. 마리아도 구원을 받기 위해서는 예수님을 구세주로 믿어야 했습니다.

그렇다면 예수님은 왜 동생들에게 마리아를 부탁하지 않으셨을까요? 먼저 그들은 예루살렘이 아니라 갈릴리 지방에 있었습니다. 즉, 거리상으로 멀리 떨어져 있었던 것입니다. 또한 그들은 예수님이 메시아였다는 사실을 받아들이지 않았습니다. 물론 다행히도 그들은 예수님의 부활 이후에 변화하게 됩니다. 오순절 성령 사건 때 다락방에서 기도한 사람들 가운데 그들이 함께 있었던 것을 알 수 있습니다[31].

그러나 그것보다 더 중요한 이유가 있습니다. 바로 예수 그리스도 안에서 새로운 가족 관계가 탄생했다는 것을 말해 주기 위해서입니다. 예수님이 마리아와 요한을 연결해 주신 장소도 십자가입니다. 이는 예수님이 십자가에서 피를 흘려 주심으로 새로운 가족 관계가 형성되었음을 말해 주는 것입니다. 예수님이 어머니를 "여자여"라고 부르신 것은 마리아를 어머니가 아니라 제삼자로 객관화하신 것입니다. 이제는 마리아를 어머니가 아니라 예수님을 따르는 제자로 보신 것입니다. 그리하여 제자인 마리아와 사랑하는 제자 요한을 연결해 주신 것입니다. 그들이 그리스도 안에서 새로운 가족이 될 수 있도록 하시기 위해서입니다.[32]

요한에게 어머니를 부탁하시는 이 말씀은 단순한 효도에 관한 내용이 아닙니다. 십자가를 통해 하나님의 새로운 가족이 시작된다는 영적 의미가 있습니다. 그렇지 않았으면 예수님은 그냥 요한에게 "내 어머니를 잘 부탁한다" 하는 식으로 말씀하셨을 것입니다.

우리도 예수 그리스도 안에서 새로운 가족이 되었습니다. 아무나 새로운 가족이 될 수 있는 것이 아닙니다. 예수 그리스도를 믿고 그분의 십자가를 받아들인 사람만이 하나님 안에서 새로운 가족이 될 수 있습니다. 그래서 예수님은 십자가 위에서 이렇게 십자가의 속죄로 인하여 새롭게 탄생할 영적 가족에 대해 선포하신 것입니다.[33] 여기에 대해 요한이 어떻게 반응했습니까?

"또 그 제자에게 이르시되 보라 네 어머니라 하신대 그 때부터 그 제자가 자기 집에 모시니라"(요한복음 19:27).

3. 사랑의 말씀

요한은 예수님의 뜻을 받들어 마리아를 자신의 집에 모셨습니다. 이제 곧 있으면 예수님의 어머니 마리아는 아들을 잃게 됩니다. 이런 상황에서 옆에 있어 준 사도 요한은 큰 위로가 되었을 것입니다. 또한 요한도 얼마 후 그의 형제 야고보를 잃게 됩니다. 성경의 기록에 따르면 야고보는 사도 중에 가장 먼저 순교를 하였습니다. 이때 요한도 예수님의 어머니 마리아로부터 큰 위로를 얻었을 것입니다.[34]

성경에 보면 흥미로운 내용이 나옵니다. 요한복음 20장에서 베드로와 요한이 빈 무덤을 찾아갑니다. 그곳에서 예수님의 부활을 확인합니다. 요한이 이 사실을 알고 난 후에 곧바로 한 행동이 무엇이었을까요? 요한복음 20장 10절에 그 내용이 나옵니다.

> "이에 두 제자가 자기들의 집으로 돌아가니라"(요한복음 20:10).

요한은 부활을 목격한 뒤 바로 집으로 돌아갔습니다. 그 이유가 무엇일까요? 그는 지금 자기 집에 모시고 있는 마리아에게 예수 그리스도의 부활의 기쁜 소식을 전하기 위해 집으로 간 것입니다. 이 사실을 알게 되었을 때 마리아가 느꼈을 위로와 기쁨을 생각해 보십시오.[35] 이렇게 위로와 격려가 있는 공동체가 바로 하나님의 가족입니다.

예수님은 부활하신 이후에 제자들에 대한 호칭을 바꾸십니다. 부활 후 막달라 마리아에게 나타나신 예수님은 제자들에게 가서 자신의 부활을 알리라고 명령하셨습니다. 이때 예수님은 다음과 같이 말씀하셨습니다.

"예수께서 이르시되 나를 붙들지 말라 내가 아직 아버지께로 올라가지 아니하였노라 너는 내 형제들에게 가서 이르되 내가 내 아버지 곧 너희 아버지, 내 하나님 곧 너희 하나님께로 올라간다 하라 하시니"(요한복음 20:17).

여기에 보면 예수님은 자신의 제자들을 "형제들"이라고 부르십니다. 그리고 자신의 아버지를 "너희 아버지"라고 말씀하십니다. 이는 요한복음에서 예수님이 제자들을 '형제'라고 부르시는 최초의 장면입니다.[36] 이것은 예수님을 따르는 자들이 이제 십자가와 부활로 예수님과 한 가족으로 맺어졌다는 것을 보여 줍니다.

공생애 기간에 예수님은 이미 그리스도 안에서 우리가 형제자매가 될 것이라는 사실을 암시하셨습니다. 어느 날 예수님이 계신 곳에 그의 어머니와 동생들이 찾아왔습니다. 당시 예수님이 귀신 들렸다는 소문이 퍼지자 예수님의 가족들이 걱정이 되어서 온 것입니다. 이에 제자 중 한 명이 예수님의 가족들이 찾아왔음을 알리자 예수님은 뜻밖의 대답을 하셨습니다. 마태복음 12장 48-50절에 나오는 내용입니다.

"말하던 사람에게 대답하여 이르시되 누가 내 어머니이며 내 동생들이냐 하시고 손을 내밀어 제자들을 가리켜 이르시되 나의 어머니와 나의 동생들을 보라 누구든지 하늘에 계신 내 아버지의 뜻대로 하는 자가 내 형제요 자매요 어머니이니라 하시더라"(마태복음 12:48-50).

가히 파격적인 선언입니다. 이는 예수님이 이제 육신의 혈통에 따른 가족 관계가 아닌 새로운 차원의 영적 가족 관계를 형성할 것을 말씀하시는 장면입니다. 예수님이 하나님으로부터 오신 예수 그리스도이심을 믿고, 그 믿음에 따라 하나님의 뜻을 행하는 자가 예수님의 진정한 가족이라고 선언하시는 것입니다.[37]

인생길은 그 자체가 고독한 길입니다. 거기에다가 신앙의 길은 더 고독하고 외롭습니다. 그래서 그 외로움을 해결해 주시기 위해서 하나님이 하신 일이 바로 '임마누엘'입니다. 우리와 동행해 주신 것입니다. 여기에 더하여 하나님이 주신 또 하나의 축복이 있습니다. 그것이 바로 '믿음의 가족'입니다. 하나님은 우리에게 주님 안에서 한 형제자매 된 믿음의 식구들을 주셨습니다.[38]

육신의 가족은 너무나 소중한 존재입니다. 그러나 그리스도 안에서의 가족이 세상의 가족보다 더 중요합니다. 세상의 가족은 죽음의 순간에 헤어지지만, 그리스도 안에서의 가족은 영원하기 때문입니다. 그러므로 현재 내가 사랑하는 가족들과 영원한 가족 관계를 맺고 싶다면 그들을 하루빨리 주님께로 인도해야 합니다. 그리고 주님 안에서 현재 내가 만나고 있는 믿음의 가족들을 소중하게 여겨야 합니다. 그들은 이 땅에서 뿐만 아니라 천국에서도 영원히 함께할 사람들이기 때문입니다.

"마리아는 한 아들을 잃게 되는 현장에서 동시에 다른 아들을 얻고 있다."[39]
_ 어윈 루처

4

고뇌의 말씀

어찌하여
나를 버리셨나이까

4

고뇌의 말씀

"나의 하나님, 나의 하나님, 어찌하여 나를 버리셨나이까"(마태복음 27:46).

가상칠언 네 번째 말씀은 예수님이 자신의 정신적인 고통을 호소하신 내용입니다. 그래서 이것은 '고뇌의 말씀'이라고 표현할 수 있습니다.

예수님의 고뇌

오전 9시에 못 박히신 예수님은 3시간 동안 매달려 계셨습니다. 그러다가 제육시가 되자 어둠이 온 땅을 덮었습니다.

"제육시로부터 온 땅에 어둠이 임하여 제구시까지 계속되더니"(마태복음 27:45).

유대의 시간에서 여섯 시간을 더하면 우리의 시간과 일치합니다. 그러므로 제육시는 우리 시간으로 낮 12시입니다. 햇빛이 가장 찬란한 정오의 시간인데, 이때부터 3시간 동안 캄캄한 어둠이 임하였습니다. 이것은 분명한 기상이변이었습니다. 이 어둠은 예수님이 고뇌의 말씀을 하시기 직전에 임한 것으로, 영적인 의미가 담겨 있습니다. 구약 성경에서 해가 빛을 잃는 것은 하나님의 심판을 묘사합니다.

"주 여호와의 말씀이니라 그 날에 내가 해를 대낮에 지게 하여 백주에 땅을 캄캄하게 하며"(아모스 8:9).

유대인들이 보기에 밝은 대낮에 갑자기 어둠이 임하는 이러한 현상은 하나님의 심판이 다가오는 전조로 여겨질 수 있었을 것입니다. 이 어둠에는 이중적인 심판의 개념이 있습니다.
첫째, 이 어둠은 하나님의 아들을 모욕한 악인들에 대한 하나님의 심판을 보여 줍니다.
악한 인간들이 하나님의 아들이신 예수님을 잔인하게 다루었습니다. 캄캄한 어둠은 이것에 대한 하나님의 분노를 드러냅니다. 당장은 심판이 임하지 않았지만 앞으로 그들은 끔찍한 어둠 속에 던져져서 철저한 심판을 당할 것입니다.[40] 그들뿐만이 아닙니다. 우리도 죄인으로서 예수님을 십자가에 못 박는 데 동참하였습니다. 그러므로 우리도 죄 사함의 은혜를 받지 못한다면, 그들과 똑같은 심판을 당하게 될 것입니다.

둘째, 이 어둠은 우리의 죄를 대신 지신 아들에 대한 하나님 아버지께서 내리시는 심판의 성격이 있습니다.

예수님은 십자가에 못 박히시는 순간, 이 세상에서 가장 끔찍스러운 죄인이 되셨습니다. 최악의 사기꾼, 살인범, 강간범, 어린이 학대범과 같은 흉악범이 되어 법적으로 유죄 선고를 받으셨습니다. 죄가 하나도 없으신 분이 우리를 위해 가장 끔찍한 죄 덩어리가 되신 것입니다.[41] 성경은 다음과 같이 말합니다.

> "하나님이 죄를 알지도 못하신 이를 우리를 대신하여 죄로 삼으신 것은 우리로 하여금 그 안에서 하나님의 의가 되게 하려 하심이라"(고린도후서 5:21).

여기에 보면 하나님이 예수님을 '죄로 삼았다'라고 이야기합니다. 죄인 정도가 아니라 죄 덩어리가 되신 것입니다. 영어로 하면

'to be sin'입니다. 즉, 'sinner'(죄인)가 아니라 'sin'(죄 그 자체)이 되었다는 말입니다. 예수님은 우리를 위해 '극악무도한 죄인'으로 여김을 받으신 정도가 아니라 '끔찍하고 흉측한 죄 덩어리'가 되신 것입니다.

하나님은 죄에 대해 심판을 하실 수밖에 없습니다. 비록 자신의 사랑하는 아들일지라도 예수 그리스도를 심판하셔야 했습니다. 태양이 가장 밝게 빛나는 정오에 임한 극심한 어두움은 바로 지금 하나님이 인간의 죄를 대신하여 십자가를 지신 예수 그리스도에게 진노의 심판을 퍼부으신다는 사실을 말해 줍니다.

과거 이스라엘 백성이 출애굽을 할 때 열 가지 재앙이 임했습니다. 이때 아홉 번째 재앙이 바로 흑암의 재앙이었습니다. 이집트 땅에 흑암이 사흘 동안 임했습니다. 그리고 난 뒤 유월절 어린양이 죽임을 당했습니다. 그런데 유월절 양은 앞으로 오실 예수님의 예표였습니다. 세례 요한은 예수님을 보고 다음과 같이 말했습니다.

"보라 세상 죄를 지고 가는 하나님의 어린양이로다"(요한복음 1:29).

그렇습니다. 예수님은 인류의 죄를 대신 지고 가는 하나님의 어린양이었습니다. 그러므로 유월절 양이신 예수님이 돌아가시기 전에도 이렇게 칠흑 같은 어둠이 세 시간 동안을 덮었습니다. 예수님은 이 어둠 속에서 다음과 같이 절규하셨습니다.

"나의 하나님, 나의 하나님, 어찌하여 나를 버리셨나이까"(마태복음 27:46).

예수님은 버림을 받으신 것입니다. 우리 인간의 죄를 대신 지시고 하나님으로부터 버림을 받으셨습니다. 구약 성경에 보면 제사를 드릴 때 짐승을 잡아 죽입니다. 그런데 하나님께 드리는 제물 가운데 특별한 제물이 있었습니다. 아사셀 염소라고 하는 제물입니다.

"아사셀을 위하여 제비 뽑은 염소는 산 채로 여호와 앞에 두었다가 그것으로 속죄하고 아사셀을 위하여 광야로 보낼지니라"(레위기 16:10).

아사셀로 뽑힌 염소는 그 자리에서 죽임을 당하는 것이 아니라 아무도 없는 광야로 쫓겨납니다. 이렇게 광야로 쫓겨나는 염소는 바로 하나님께 철저하게 버림받으신 예수 그리스도를 상징합니다. 버림받는다는 것은 괴로운 일입니다. 친구나 부모에게 버림받아도 너무나 비참합니다. 그러나 하나님으로부터 버림받으면 그 끔찍함은 이루 말로 다할 수 없습니다. 성경은 다음과 같이 말합니다.

"죄의 삯은 사망이요"(로마서 6:23).

죄로 인하여 죽음이 찾아왔습니다. 그러나 이 죽음은 단순한 육체의 죽음만을 말하지 않습니다. 영적인 사망도 동반하게 됩니다. 영적인 사망은 바로 모든 생명의 근원이신 하나님으로부터 분리되는 것입니다. 영과 혼이 육체로부터 분리되는 것이 육체적인 죽음이라면, 영적인 죽음은 영과 혼이 하나님으로부터 분리되는 것입니다.[42]

오늘 말씀에서 하나님으로부터 버림받으신 예수님의 처절한 절규를 보십시오. 예수님은 왜 이렇게 하나님과 분리되는 고통을 맛보아야 하셨을까요? 바로 죄 때문입니다. 하나님은 너무나 거룩한 분이시므로 악을 차마 보지 못하십니다.

"주께서는 눈이 정결하시므로 악을 차마 보지 못하시며 패역을 차마 보지 못하시거늘"(하박국 1:13).

예수님은 악이 전혀 없으신 분이지만, 우리의 죄를 대신 지고 십자가에 달리셨기 때문에 그 순간 이 세상 누구보다 악한 분이 되셨습니다. 예수님이 이렇게 극악무도한 죄인이 되신 것은 바로 하나님이 우리의 죄악을 예수님께 담당시키셨기 때문입니다.

"우리는 다 양 같아서 그릇 행하여 각기 제 길로 갔거늘 여호와께서는 우리 모두의 죄악을 그에게 담당시키셨도다"(이사야 53:6).

그러므로 예수님의 피맺힌 절규에도 불구하고 하나님은 응답하지 않으셨습니다. 하나님은 언제나 예수님의 이야기를 들으시던 분입니다. 예수님과 하나님은 늘 절대적으로 친밀한 관계였습니다. 예수님은 자신과 하나님과의 관계를 다음과 같이 말씀하셨습니다.

"항상 내 말을 들으시는 줄을 내가 알았나이다"(요한복음 11:42).

"나를 보내신 이가 나와 함께 하시도다 나는 항상 그가 기뻐하시는 일을 행하므로 나를 혼자 두지 아니하셨느니라"(요한복음 8:29).

하나님은 예수님이 하시는 말씀을 항상 귀 기울여 들으시고 늘 예수님과 동행하셨습니다. 하지만 지금 이 순간에는 하나님이 아무런 대답도 하지 않으셨습니다. 죄가 이토록 무서운 것입니다. 죄는 언제나 분리를 가져옵니다. 하나님의 성품은 거룩하시므로, 죄라고 하면 그것이 그리스도께 있을지라도 심판하실 수밖에 없습니다.[43]

그러므로 우리는 경각심을 가져야 합니다. 하나님의 아들 예수님도 이토록 철저한 심판을 당하셨는데, 죄인인 인간이 그 모습 그대로 하나님 앞에 나간다면 얼마나 더 끔찍한 심판을 당하겠습니까? 그래서 하나님은 심판의 자리에 자신의 아들을 세우기로 하셨습니다. 예수님만이 하나님의 무서운 진노의 심판을 감당하실 수 있기 때문입니다.

> "누가 능히 그의 분노 앞에 서며 누가 능히 그의 진노를 감당하랴"(나훔 1:6).

나훔 선지자는 하나님의 분노와 심판이 얼마나 두려운지를 이야기했습니다. 하나님이 분노하시면 누가 그 하나님의 진노를 감당할 수 있겠느냐고 질문합니다. 여기에 대한 답은 그 진노는 예수님만이 감당하실 수 있다는 것입니다. 아더 핑크는 다음과 같이 말했습니다.

"주이시며 구주이신 예수 그리스도의 사랑스러운 인격 안에 그 답이 있다. 그만이 홀로 '설' 수 있었다. 오직 한 분만이 그 저주를 견딜 수 있었고, 저주를 딛고 승리자로 일어날 수 있었다. 오직 한 분만이 그 모든 복수의 진노를 참아내고, 의의 법을 찬미하고, 영화롭게 할 수 있었다. 오직 한 분만이 사탄에게 발꿈치를 상하시고도 죽음의 능력을 가진 사탄을 멸망시킬 수 있으셨다."[44]

인간이 서야 할 심판의 자리에 하나님이 예수 그리스도를 세우신 이유는 오직 예수님만이 이 끔찍한 심판을 견디고 이겨내실 수 있기 때문입니다. 예수님은 죄가 없는 분이시기에 이 심판을 견뎌내실 수 있었습니다. 그러나 이 과정에서 예수님은 하나님과의 단절로 인해 오는 끔찍한 지옥의 고통을 경험하셔야 했습니다. 신약 학자인 윌리엄 핸드릭슨(William Hendriksen)은 예수님이 당하신 이 엄청난 고통을 다음과 같이 묘사합니다.

"이는 우리 죄에 대한 하나님의 심판, 예수님의 심장 속에서 타고 있는 하나님의 진노를 의미했다. 우리를 대속하신 분으로서 예수께서는 지극한 고통과 형언할 수 없는 저주, 끔찍한 소외와 버림받음을 당하셨다. 지옥이 그날 갈보리에 임했고, 구주는 바로 그 지옥으로 내려가셔서 우리를 대신하여 공포를 감당하셨다!"[45]

십자가 위에서의 예수님의 외침은 앞으로 잃어버린 모든 영혼들이 경험하게 될 마지막 상태를 보여 줍니다. 주님께 돌아오지 않는 자들은 하나님과의 영원한 분리로 인해 이처럼 말로 다 할 수 없는 고통을 겪어야 할 것입니다.

> "하나님을 모르는 자들과 우리 주 예수의 복음에 복종하지 않는 자들에게 형벌을 내리시리니 이런 자들은 주의 얼굴과 그의 힘의 영광을 떠나 영원한 멸망의 형벌을 받으리로다"(데살로니가후서 1:8-9).

하나님은 모든 선과 축복의 근원이십니다. 그러므로 이러한 하나님으로부터 분리된다는 것은 인간의 모든 소망이 끊어지는 것을 의미합니다. 하나님은 빛이시기에 하나님과 분리된다는 것은 캄캄한 어둠 속에 갇히게 되는 것을 의미합니다. 예수님이 십자가 위에서 경험하신 어두움은 앞으로 하나님과 분리될 사람들이 경험할 지옥의 두려움을 상징적으로 보여 줍니다.

감사하게도 우리의 죄는 값이 치러졌습니다. 우리에 대한 하나님의 요구는 충분히 만족되었습니다. 그리스도께서 하나님께 버림받으심으로 우리는 영원히 하나님의 임재를 누리게 되었습니다. 아더 핑크는 다음과 같이 말합니다.

"그가 끔찍한 어두움 가운데 들어가셔서 내가 빛 가운데 걷게 되었다. 그가 진노의 잔을 드셔서 내가 기쁨의 축배를 들게 되었다. 그가 버림받아서 내가 사함을 받게 되었다."[46]

이 사실을 잊지 말아야 합니다. 예수님이 버림받으심으로 이제는 우리가 하나님께 버림받지 않아도 됩니다. 예수님이 하나님과 분리되는 아픔을 겪으심으로 이제 우리가 하나님과 하나 되는 친밀함을 누릴 수 있습니다.

예수님의 믿음

십자가 위에서의 이 말씀은 예수님이 경험하신 처절한 고뇌를 보여 줍니다. 그러나 동시에 이 말씀은 고난 가운데서도 끝까지 하나님을 붙드시는 예수님의 믿음을 보여 줍니다.

"나의 하나님, 나의 하나님, 어찌하여 나를 버리셨나이까"(마태복음 27:46).

복음서에서 오직 단 한 번, 여기에서만 예수님은 하나님을 아버지라고 부르지 않으시고 "하나님"이라고 부르셨습니다. 이러한 호칭의 변화는 아버지와 아들 사이의 관계가 단절되었음을 보여 줍니다.[47] 그러나 이 말씀은 단순히 고뇌에 찬 부르짖음만은 아닙니다.

예수님은 차마 하나님을 아버지라고 부르지 못하시고 "하나님"이라고 부르셨지만 "나의 하나님"이라고 하셨습니다. 하나님은 여전히 예수님의 하나님이셨습니다. 그러므로 이런 절망적인 상황에서도 예수님의 부르짖음은 고난의 절규였지만 불신의 절규는 아니었습니다. 하나님은 예수님에게서 한 발짝 물러서 계셨지만 예수님의 영혼은 여전히 하나님을 향하였습니다.[48]

예수님은 캄캄한 영혼의 어두운 시간에도 이렇게 믿음의 사투를 벌이고 계셨던 것입니다. 그러면서 어찌하여 하나님이 자신을 버리셨는가를 질문하고 있습니다. 예수님의 이 질문에는 그 누구도 대답할 수 없었습니다. 제자들도 대답할 수 없었고, 하늘에 있는 천사들도 대답할 수 없었습니다.[49] 그러나 놀랍게도 예수님은 자신의 질문에 스스로 대답하셨습니다. 그것을 어떻게 알 수 있습니까? 예수님의 이 절규의 외침은 시편 22편에서 나온 것이기 때문입니다. 시편 22편 1-2절을 읽어 보겠습니다.

"내 하나님이여 내 하나님이여 어찌 나를 버리셨나이까 어찌 나를 멀리 하여 돕지 아니하시오며 내 신음 소리를 듣지 아니하시나이까 내 하나님이여 내가 낮에도 부르짖고 밤에도 잠잠하지 아니하오나 응답하지 아니하시나이다"(시편 22:1-2).

여기에 보면 불러도 불러도 대답이 없으신 하나님에 대한 시편 기자의 처절한 외침이 나옵니다. 하나님이 자신을 버리신 것 같고, 멀리 떠나 돕지 않으시는 것 같고, 신음 소리도 듣지 않으시는 것 같은 상황에서 시편 기자는 계속 하나님을 찾습니다. 낮에도 부르짖고 밤에도 소리치지만 응답하지 않으시는 하나님 앞에서도 절망하지 않고 계속 하나님을 찾습니다.

예수님이 이 시편 말씀을 인용하신 것은 예수님도 이런 마음으로 지금 하나님 앞에 나아가고 있다는 것을 말씀하시기 위함입니다. 하나님이 자신을 떠난 것 같이 느껴지는 캄캄한 시간을 지나고 있지만, 그래도 여전히 하나님께 대한 신뢰를 버리지 않고 있다는 고백입니다. 시편 22편은 계속해서 다음과 같이 말합니다.

"우리 조상들이 주께 의뢰하고 의뢰하였으므로 그들을 건지셨나이다 그들이 주께 부르짖어 구원을 얻고 주께 의뢰하여 수치를 당하지 아니하였나이다"(시편 22:4-5).

시편 기자는 조상들의 하나님을 신뢰했습니다. 조상들이 고난의 순간에도 하나님을 의뢰하여 결국 건짐을 받은 역사를 기억합니다. 하나님이 듣지 않으시는 것 같은 순간에도 주님께 부르짖어서 구원을 경험했던 과거를 기억합니다.

그러므로 예수님도 이 시편 기자와 같이 처절한 고통의 순간에도 여전히 하나님을 신뢰하고 있다는 사실을 고백하는 것입니다. 참으로 놀라운 것은 이 시편 22편을 계속 읽어 보면 예수님이 경험하신 십자가 사건을 그대로 묘사하고 있습니다.

"나는 물 같이 쏟아졌으며 내 모든 뼈는 어그러졌으며 내 마음은 밀랍 같아서 내 속에서 녹았으며 내 힘이 말라 질그릇 조각 같고 내 혀가 입천장에 붙었나이다 주께서 또 나를 죽음의 진토 속에 두셨나이다 개들이 나를 에워쌌으며 악한 무리가 나를 둘러 내 수족을 찔렀나이다 내가 내 모든 뼈를 셀 수 있나이다 그들이 나를 주목하여 보고 내 겉옷을 나누며 속옷을 제비 뽑나이다 여호와여 멀리 하지 마옵소서 나의 힘이시여 속히 나를 도우소서"(시편 22:14-19).

이 시편이 쓰일 때는 십자가형이 없었습니다. 당시에는 죄를 지은 사람을 돌로 쳐서 죽였습니다. 그런데 이 말씀은 십자가형을 생생하게 묘사하고 있습니다. 십자가형을 당하면 모든 뼈가 어그러집니다. 힘이 다 빠져서 질그릇 조각 같아지며, 피를 쏟아서 온몸에 수분이 부족하여 혀가 입천장에 붙습니다. 시편 22편은 이런 상황을 생생하게 묘사합니다. 심지어는 겉옷을 나누며 속옷을 제비 뽑는다는 말도 예수님께 그대로 다 응하였습니다.

이 시를 쓴 사람은 다윗입니다. 그는 십자가형을 당하지 않았습니다. 하지만 다윗은 성령의 놀라운 영감을 받아 앞으로 있을 구세주의 십자가 사건을 이토록 생생하게 기록한 것입니다. 시편 기자의 믿음이 놀라운 것은 이렇게 하나님이 자신을 외면하신 것 같은 상황 속에서도 기도를 들으시는 하나님께 찬양을 한다는 사실입니다. 시편 22편 22-23절을 읽어 보겠습니다.

"내가 주의 이름을 형제에게 선포하고 회중 가운데에서 주를 찬송하리이다 여호와를 두려워하는 너희여 그를 찬송할지어다 야곱의 모든 자손이여 그에게 영광을 돌릴지어다 너희 이스라엘 모든 자손이여 그를 경외할지어다"(시편 22:22-23).

이것을 보면 예수님이 이 시를 인용하신 이유를 알 수 있습니다. 예수님은 비록 지금은 하나님이 침묵하시는 것처럼 느껴지지만, 하나님이 반드시 자신을 도우실 것과 기도에 응답하실 것을 확신한다는 사실을 이 시편을 통해 고백하는 것입니다.

더욱 놀라운 사실은 예수님은 이 시편을 통하여 앞으로 자신의 고난을 통해 온 민족과 열방이 주님 앞에 돌아와서 예배하는 날을 미리 바라보셨다는 것입니다. 시편 22편 27절을 읽어 보겠습니다.

"땅의 모든 끝이 여호와를 기억하고 돌아오며 모든 나라의 모든 족속이 주의 앞에 예배하리니"(시편 22:27).

예수님은 하나님과 분리되는 고통 가운데서도 하나님은 결코 자신을 버리지 않으실 것이라는 사실을 믿었습니다. 또한 자신의 수고로 온 열방이 하나님 앞으로 돌아올 것이라는 사실도 믿었습니다. 결국 모든 것은 예수님이 믿음으로 고백하신 대로 다 이루어졌습니다.

고난을 대하는 우리의 자세

예수님의 믿음의 고백을 보며 고난을 대하는 우리의 자세를 생각해 보게 됩니다. 인생에서 고난과 어려움이 없는 사람은 없습니다. 그러나 고난을 대하는 자세는 각각 다릅니다. 어떤 사람은 고난 가운데서 하나님을 원망하고 불평합니다.

그러나 어떤 사람은 고난 가운데서 놀라운 믿음의 능력을 발휘합니다. 어찌할 수 없는 고난에 몸부림치면서도, 그 너머에 있는 하나님의 크신 뜻과 섭리를 바라보며 하나님의 손길에 자신을 맡깁니다. 이런 사람은 고난 가운데 더욱 연단되어 정금같이 나오게 됩니다. 예수님은 우리에게 다음과 같이 약속하셨습니다.

"내가 너희를 고아와 같이 버려두지 아니하고 너희에게로 오리라"(요한복음 14:18).

예수님은 우리를 고아와 같이 버려두지 않겠다고 약속하셨습니다. 그러므로 우리는 어떤 시련 가운데서도 내가 혼자라는 생각을 하면 안 됩니다. 어떠한 고통 가운데서도 하나님께 버림받았다고 생각하면 안 됩니다. 예수님이 우리를 위해 버림받으셨기 때문에 우리는 절대로 버림받을 수 없는 존재가 되었습니다. 그러므로 영혼의 어두운 밤에도 끝까지 하나님을 신뢰해야 합니다. 아더 핑크는 다음과 같이 말했습니다.

"구주가 자기 백성들에게 모범을 보이셨다. 해가 찬란히 빛날 때 하나님을 신뢰하는 것은 비교적 쉽다. 사방이 어두워졌을 때 시험은 온다. 그러나 번성할 때뿐만 아니라 역경에 처할 때도 하나님을 의지하지 않는 믿음은 하나님께서 택하신 백성들의 믿음이 아니다."[50]

우리는 하나님이 보이지 않은 어두운 시간에도 끝까지 하나님을 붙드신 예수님의 모범을 따라야 합니다. 어둠이 짙을수록 별은 더욱 밝게 빛나는 법입니다. 내게 닥친 시련의 밤이 깊을수록 하나님께 대한 나의 믿음은 더욱 찬란하게 빛을 발하게 됩니다. 십자가 위에서의 예수님의 절규는 우리에게 이런 믿음이 진짜 믿음이라는 사실을 보여 줍니다.

"하나님께서 얼굴을 숨기시는 것이 바로 아버지께서 구속자에게 마시도록 주신 잔 중에 가장 쓴 부분이었다."[51]
_ 아더 핑크

5

고통의 말씀

내가 목마르다

5

고통의 말씀

"내가 목마르다"(요한복음 19:28).

십자가 위에서의 예수님의 다섯 번째 말씀은 예수님이 자신의 목마름을 호소하신 '고통의 말씀'입니다.

예수님의 고통

예수님의 십자가는 참으로 고통스러운 것이었습니다. 그러나 예수님은 처음 체포되어 심문을 받으시던 때부터 채찍에 맞으시고 십자가에 못 박히실 때까지 단 한 번도 고통스럽다는 말씀을 하지 않으셨습니다. 이러한 예수님의 모습은 성경에 나오는 고난당하는 메시아의 모습과 일치합니다.

> "그가 곤욕을 당하여 괴로울 때에도 그의 입을 열지 아니하였음이여 마치 도수장으로 끌려 가는 어린양과 털 깎는 자 앞에서 잠잠한 양 같이 그의 입을 열지 아니하였도다"(이사야 53:7).

예수님은 인간의 죄를 대신하여 대속의 죽음을 치르시는 것이었기 때문에 자신에게 주어진 죄목에 대해 변명하거나, 억울해하거나, 자신이 당하는 고통에 대해 회피하려고 하는 모습을 보이지 않으셨습니다. 십자가를 지시는 것이 사명이기에 묵묵히 그 모든 고통을 다 받아들이셨습니다.

하지만 아무리 그렇다고 하더라도 예수님이 돌아가시는 순간까지 자신의 육체적인 고통에 대하여 단 한마디도 하지 않으셨다면, 어떤 면에서는 사람으로 오신 예수님에 대해 조금 의구심이 생길 수 있습니다. 그러나 예수님이 십자가 위에서 "내가 목마르다"라는 말씀을 하셨기 때문에 예수님도 인간으로서 극심한 고통을 느끼며 십자가에서 죽어가신 것을 알 수가 있습니다.

"내가 목마르다"라고 하신 말씀은 성경에서 예수님이 하신 말씀 중에 가장 짧은 말씀입니다. 우리 말로는 두 단어이지만, 헬라어로 하면 '딥소'(dipso)라는 한 단어입니다. 저는 예수님이 자신의 고통에 대해 표현하신 말씀이 한 단어라는 사실에 깊은 감동을 느낍니다. 예수님은 얼마든지 여러 가지 말로 자신의 고통에 관해 이야기하실 수 있었습니다. 온갖 말로 예수님께 가해지는 부당한 고통에 대해 불평하실 수 있었습니다. 그러나 예수님은 자신의 육체적 고통에 대해서는 단 한 마디의 말로만 표현하셨습니다. 이렇게 예수님은 십자가를 지시면서도 고통은 최소한도로 표현하셨습니다.

예수님이 "내가 목마르다"라는 말씀을 하신 것은 그분도 우리와 똑같은 육체를 가진 인간이심을 보여 줍니다. 즉, 예수님의 인성을 드러내신 것입니다. 성경은 다음과 같이 이야기합니다.

"말씀이 육신이 되어 우리 가운데 거하시매 우리가 그의 영광을 보니 아버지의 독생자의 영광이요 은혜와 진리가 충만하더라"(요한복음 1:14).

예수님이 고통스러워하시는 모습은 그분이 정말 성경 말씀처럼 "말씀이 육신이 되어" 오신 분임을 보여 줍니다. 이러한 예수님의 고통의 외침은 당시 이단인 영지주의자들의 가현설(假現說)이 거짓임을 증명해 줍니다. 그들은 물질을 악하다고 보았기 때문에 예수 그리스도는 실제적인 육체를 가진 것이 아니라고 주장했습니다. 즉, 예수님은 겉으로는 육체를 가진 것으로 보였지만 실제로는 육체를 소유한 것은 아니라는 주장입니다.

이들의 주장을 반박하는 것이 왜 중요하냐 하면 예수님의 인성이나 신성 가운데 어느 하나라도 부정하면 예수님이 우리의 구세주가 되실 수 없기 때문입니다. 신성을 부정하면 예수님도 우리와 똑같은 인간이 되시기 때문에 죄가 있는 존재가 됩니다. 그러면 십자가에서 돌아가시더라도 예수님 또한 죄인이시기 때문에 우리 죄를 대신해 주실 수 없습니다.

반대로 예수님이 신성은 있지만, 인성이 없다면 십자가에 예수님이 못 박히셨다고 하더라도, 그것은 실제로 육체를 가지고 못 박히신 것은 아니므로 우리 인간의 죄를 대신할 수가 없습니다. 실체가 없는 죽음이 되기 때문입니다. 그래서 이단들은 예수님의 신성이나 인성 가운데 하나를 부정하는 것입니다.

그러나 오늘 말씀에서 예수님이 실제적인 육체의 고통을 이야기하셨기 때문에 이단들의 주장이 거짓된 것으로 드러나게 되었습니다. 또한 예수님의 이러한 외침은 성경의 예언을 이루는 말씀이기도 합니다. 본문을 다시 읽어 보겠습니다.

"그 후에 예수께서 모든 일이 이미 이루어진 줄 아시고 성경을 응하게 하려 하사 이르시되 내가 목마르다 하시니"(요한복음 19:28).

여기 보면 예수님이 '성경의 예언을 응하게 하려고' 이런 말씀을 하셨다고 이야기합니다. 그렇다면 성경의 어떤 예언을 이루신 것일까요? 본문에 이어지는 말씀을 보면 예수님이 목마르다고 하시니 로마 군병들이 한 행동이 나옵니다.

"거기 신 포도주가 가득히 담긴 그릇이 있는지라 사람들이 신 포도주를 적신 해면을 우슬초에 매어 예수의 입에 대니"(요한복음 19:29).

이것은 시편에 나오는 예언을 이루는 행동이었습니다.

"그들이 쓸개를 나의 음식물로 주며 목마를 때에는 초를 마시게 하였사오니"(시편 69:21).

우리는 예수님의 신성을 강조하여, 예수님이 하나님이시기에 십자가의 고통을 큰 어려움 없이 이겨내셨다고 생각하기 쉽습니다. 그러나 신성과 동시에 완전한 인성을 지니신 예수님으로서는 십자가의 고통을 견디시는 것이 결코 쉬운 일이 아니었습니다.

예수님의 목이 마를 수밖에 없었던 이유를 한번 생각해 보겠습니다. 예수님은 그 전날 겟세마네 동산에서 땀방울이 핏방울이 되도록 기도하셨습니다. 그리고 밤새도록 가야바에게 심문을 당하시고 이른 아침부터 빌라도에게 끌려가 십자형을 선고받고 채찍질을 당하셨습니다. 당시 채찍질은 너무나 잔혹했습니다. 가죽으로 된 채찍의 끝에는 납덩이들이 달려 있었기 때문에 이 채찍질은 예수님의 피부를 찢고 혈관과 근육을 터뜨려서 엄청난 피를 쏟게 했습니다.

　그리고 나서 군병들은 예수님의 머리에 가시 면류관을 씌웠습니다. 이로 인해 얼굴에서는 많은 피가 흘러내렸습니다. 그다음 예수님은 자신이 못 박힐 십자가의 가로 막대를 등에 지고 골고다 언덕을 향해 올라가셔야 했습니다. 처형 장소에 도착한 뒤에는 손과 발이 나무에 못 박혔습니다.

　이렇게 해서 예수님의 몸에서 피가 빠지고 수분이 빠지면서 극심한 갈증이 몰려온 것입니다. 그리하여 그분은 마침내 외치셨습니다. "내가 목마르다." 예수님의 이 외침은 동정을 구하는 외침도 아니고, 고통을 감해 달라는 요구도 아니었습니다. 겪고 있는 고난이 극심함을 표현하신 것입니다.[52]

　목마름의 고통은 상상을 초월하는 고통입니다. 예수님은 마음만 먹으면 이러한 고통에서 벗어나실 수 있었습니다. 그러나 예수님은 우리를 위해 이 고통을 그대로 참고 견디셨습니다. 아더 핑크는 다음과 같이 말했습니다.

"구주가 목마르셨다. 목마르신 그분은 하늘과 땅의 모든 능력을 가지신 분임을 기억하라. 전능하신 능력을 행하시려고 했다면 필요한 것을 손쉽게 충족하실 수 있었다. 구약에서 광야에 있는 이스라엘 백성을 해갈시키기 위해 바위를 내리쳐 물을 내신 바로 그분이 지금 자신의 갈증을 풀기 위해 똑같은 능력을 무한히 쓰실 수 있었다. 말씀으로 물을 포도주로 바꾸신 이라면 여기에서도 능력의 말씀으로 자신의 필요를 채우실 수 있었다. 그러나 그는 한 번도 자신의 유익과 편리를 위해 기적을 행하신 적이 없었다."[53]

구약 성경에 보면 반석을 내리쳤을 때 물이 나왔다고 했는데, 이는 물이 조금 흘러나온 것을 말하는 표현이 아닙니다. 만약 그랬다면 수십만 명이 넘는 출애굽 한 이스라엘 백성이 충분히 마실 양이 되지 못했을 것입니다. 아마도 모세가 반석을 쳤을 때 바위가 깨지면서 나온 물은 강물이 되어 흘러넘쳤을 것입니다.

예수님은 반석을 쳐서 강물을 낼 능력이 있는 하나님이십니다. 그러나 주님은 자신의 능력을 사용하지 않으셨습니다. 성경 사복음서를 다 읽어 보아도 예수님은 기적을 자신의 유익을 위해 사용하신 적이 단 한 번도 없으셨습니다. 사람들 가운데는 "예수님이니까 십자가를 쉽게 지실 수 있었을 거야", "전능하신 하나님이시니까 십자가가 그렇게 어렵고 힘들지는 않았을 거야" 하는 식으로 쉽게 생각하기도 합니다. 그러나 이것은 오해이고 착각입니다. 어떤 면에서는 예수님이 전능하시므로 십자가를 지는 일이 훨씬 더 힘들었을 수도 있습니다. 왜냐하면 자신의 능력을 쓰지 않고 자제하셔야 했기 때문입니다.

예수님 옆의 두 강도는 십자가에서 내려올 수 있는 능력이 없었습니다. 따라서 그들은 어쩔 수 없이 십자가에 매달려 있어야 했습니다. 그러나 예수님은 마음만 먹으면 당장 십자가에서 내려올 수 있으셨습니다. 전능하신 하나님이시기 때문입니다. 하지만 예수님은 마지막까지 그 능력을 사용하지 않으셨습니다. 그러므로 예수님이 십자가에 못 박혀 죽음의 순간까지 고통을 그대로 다 받아들이시기 위해서는 엄청난 자제력이 필요했을 것입니다.

인간 영혼의 목마름

예수님이 십자가 위에서 경험하신 목마름의 고통은 예수 그리스도를 만나지 않고 지옥으로 가는 사람들이 앞으로 경험하게 될 고통을 미리 보여 줍니다. 지옥에서 경험하는 큰 고통 중의 하나는 바로 목마름의 고통입니다. 이것은 예수님이 들려주신 부자와 나사로의 이야기를 통해 알 수가 있습니다.

홍포 입은 부자는 날마다 호의호식하며 살다가 지옥으로 떨어졌습니다. 그곳에서 그는 자신의 상에서 떨어지는 것으로 허기를 채우려고 했던 거지 나사로를 보게 됩니다. 나사로는 하나님을 믿는 사람이었습니다. 그리하여 이 땅에서는 비참하게 살았지만 죽어서는 아브라함의 품에 안겨서 평안을 누리고 있었습니다. 나사로를 본 부자는 멀리서 다음과 같이 외쳤습니다.

"아버지 아브라함이여 나를 긍휼히 여기사 나사로를 보내어 그 손가락 끝에 물을 찍어 내 혀를 서늘하게 하소서 내가 이 불꽃 가운데서 괴로워하나이다"(누가복음 16:24).

여기서 놀라운 사실이 있습니다. 지옥의 불이 분명히 너무나 뜨거웠을 텐데, 부자는 지옥 불의 고통을 하소연하지 않고 목마름을 하소연했습니다. 그는 너무나 목이 말라서 목을 축일 한 방울의 물을 간절히 구했습니다. 이는 그만큼 지옥에서 느끼는 목마름의 고통이 극심하다는 것을 보여 줍니다. 하지만 그의 부탁은 받아들여지지 않았습니다.

지금도 많은 사람이 이 땅의 삶을 전부로 생각하고 신나게 인생을 즐기며 살아갑니다. 그러나 이 땅에서 생명을 마감하는 순간, 지옥의 타는 불꽃 가운데서 영원한 목마름을 경험하게 된다는 사실을 알면 얼마나 큰 충격을 받을까요? 예수님은 우리가 이렇게 지옥에서 영원한 목마름의 고통을 받지 않게 하시려고 십자가 위에서 처절한 목마름을 경험하셨습니다.

우리는 이 땅에서 자주 목마름을 경험합니다. 이것은 비단 육체적인 목마름이 아니라 영적인 목마름입니다. 이러한 목마름에 대한 유일한 해답은 예수 그리스도를 만나는 것입니다. 예수님이 우물가에서 사마리아 여인에게 하신 말씀이 무엇입니까?

"예수께서 대답하여 이르시되 이 물을 마시는 자마다 다시 목마르려니와 내가 주는 물을 마시는 자는 영원히 목마르지 아니하리니 내가 주는 물은 그 속에서 영생하도록 솟아나는 샘물이 되리라"(요한복음 4:13-14).

예수님은 사마리아 여인에게 영원히 목마르지 않을 생수를 약속하셨습니다. 여인의 문제는 단지 마실 물이 없어서 매일 물을 길어야 한다는 데 있지 않았습니다. 그녀의 속에는 이 세상 그 무엇으로도 채워지지 않는 간절한 목마름이 있었습니다. 남편을 다섯 번이나 바꾸어도 채워지지 않은 영혼의 허기가 있었습니다.

16세기 인물 헨리 스카우갈(Henry Scougal)은 이렇게 말했습니다.

"인간의 영혼 안에는 꺼지지 않고 작열하는 갈증이 있다."[54]

그렇습니다. 인간 속에는 이러한 목마름이 있습니다. 사람들은 이 공허감을 채우기 위해서 술이나 이성 혹은 권력을 추구합니다. 어떤 이들은 이 공허감을 견딜 수 없어서 약물에 취하는 사람도 있습니다. 혹은 어떤 사람들은 각종 물건을 사서 쌓아두면 목마름이 해소되리라 생각하여 명품을 찾고 쇼핑 중독으로 살아갑니다.

그러나 그 무엇도 우리 영혼의 갈증을 풀어 주지 못합니다. 이런 것들은 마치 바닷물을 마시는 것과 같습니다. 바다에 표류한 사람이 목마르다고 바닷물을 마시면 어떻게 됩니까? 소금물인 바닷물은 갈증을 풀어 주는 것이 아니라 오히려 더 심한 갈증을 일으킵니다.

예레미야 시대에도 참된 생수이신 하나님을 버리고 잘못된 인생의 답을 찾아 헤매는 사람들이 많이 있었습니다. 그러한 사람들에게 하나님은 다음과 같이 말씀하셨습니다.

"내 백성이 두 가지 악을 행하였나니 곧 그들이 생수의 근원되는 나를 버린 것과 스스로 웅덩이를 판 것인데 그것은 그 물을 가두지 못할 터진 웅덩이들이니라"(예레미야 2:13).

그들은 생수의 근원이신 하나님을 버렸습니다. 그러면서도 목마름과 갈증을 견디지 못하여 스스로 웅덩이를 팠습니다. 자신을 만족시킬 만한 다른 것들을 열심히 찾았습니다. 그러나 하나님 보시기에 그것들은 모두 물을 담지 못하는 '터진 웅덩이'였습니다. 즉, 영혼의 갈증을 채워 주지 못하는 헛된 것들이었습니다.

인간은 영적인 존재입니다. 그래서 인간에게는 존재론적 목마름이 있습니다. 이것을 인간 내면의 채워지지 않는 빈 공간이라고 말할 수 있습니다. 이것은 하나님이 아니고서는 그 어떤 것으로도 채울 수 없습니다. 하나님은 어떤 분이십니까? 목마른 자에게 물을 주시는 분입니다.

"나는 목마른 자에게 물을 주며 마른 땅에 시내가 흐르게 하며 나의 영을 네 자손에게, 나의 복을 네 후손에게 부어 주리니"(이사야 44:3).

하나님은 우리에게 영원한 생수를 주시기 위해 당신의 아들 예수님을 보내셨습니다. 예수님은 다음과 같이 말씀하셨습니다.

"명절 끝날 곧 큰 날에 예수께서 서서 외쳐 이르시되 누구든지 목마르거든 내게로 와서 마시라 나를 믿는 자는 성경에 이름과 같이 그 배에서 생수의 강이 흘러나오리라 하시니"(요한복음 7:37-38).

예수님은 목마른 사람들을 초청하십니다. 누구든지 예수님께 나아가면 영혼의 목마름을 해결할 수 있습니다. 여러분은 예수님의 이 초청에 응하기 원하십니까? 성경은 목마른 자들은 누구나 오라고 말합니다.

"성령과 신부가 말씀하시기를 오라 하시는도다 듣는 자도 오라 할 것이요 목마른 자도 올 것이요 또 원하는 자는 값없이 생명수를 받으라 하시더라"(요한계시록 22:17).

요한계시록 22장은 성경의 마지막 장입니다. 이렇게 하나님은 마지막 순간까지 우리를 초청하십니다. 계속해서 우리에게 오라고 하십니다. 하나님이 어떤 대가도 요구하지 않으시고 값없이 이 귀중한 생수를 주신다고 하십니다. 이 얼마나 감사한 일입니까? 그러므로 우리는 이 초청에 반드시 응답해야 합니다. 이것은 천국으로의 초청입니다. 천국은 어떤 곳입니까? 생명수 강이 흐르기 때문에 영원히 목마름이 없는 곳입니다.

"또 그가 수정 같이 맑은 생명수의 강을 내게 보이니 하나님과 및 어린양의 보좌로부터 나와서 길 가운데로 흐르더라"(요한계시록 22:1-2).

천국은 우리 영혼의 모든 갈망이 채워지는 곳이기 때문에 더 이상 주리고 목마른 것이 없는 곳입니다. 조나단 에드워즈(Jonathan Edwards)는 이 천국의 놀라운 은혜를 다음과 같이 묘사합니다.

"천국에는 영원한 삼위일체 하나님의 사랑의 샘이 개방되어 있어서, 어떠한 장애도 없이 이 샘으로 나아갈 수 있습니다. 천국에서는 이 영광스러운 하나님이 충만한 영광 가운데서 사랑의 빛으로 나타나시며 비춰십니다. 천국에는 사랑의 원천이 흘러넘쳐 사랑과 기쁨의 시내와 강을 이루어 모든 사람이 마시며 헤엄칠 수 있습니다. 그렇습니다. 사랑이 흘러넘쳐 사랑의 바다를 이룹니다."[55]

예수님은 우리에게 이 놀라운 천국의 축복을 주시기 위해 친히 십자가 위에서 고통당하고 목말라하셨습니다.

지금도 목마르신 예수님

이제 예수님의 십자가 고통은 끝났습니다. 그러나 놀라운 사실은 지금도 예수님은 목말라하고 계시다는 것입니다. 저는 이 사실을 우연한 기회에 알게 되었습니다. 저는 대학 2학년 때 영어 성경공부 동아리를 통하여 예수 그리스도를 만났습니다. 그래서 제가 만난 예수님을 전하고 싶어서 방학 때마다 학교의 빈 강의실을 빌려 후배들에게 무료로 영어를 가르쳤습니다. 하루 대여섯 시간씩 토플과 뉴스위크지 해석 등을 가르쳤지만 사실은 아침에 한 시간씩 하는 영어 성경공부로 복음을 전하고자 하는 것이 주된 목적이었습니다.

그러던 어느 날, 대학 4학년 마지막 여름 방학 때의 일입니다. 그날따라 날씨가 무척 더웠습니다. 그래도 동아리 후배들에게 약속한 시간이 있었기에 저는 무더운 날씨에 땀을 뻘뻘 흘리며 학교 도서관 건물로 향하고 있었습니다. 그런데 갑자기 제 마음에 회의가 밀려왔습니다. 날은 너무 더운데 학생들은 변화가 잘 안 되고 열매는 금방 눈에 보이지 않으니까 모든 것이 너무 힘들게 느껴졌던 것입니다.

그래서 저는 학교 도서관 계단의 손잡이를 잡고 나도 모르게 "주님, 이제 이거 가르치는 것 좀 그만할까요?" 하고 중얼거렸습니다.

그때 저는 뚜렷이 보았습니다. 아마 하나님이 제 마음에 주신 환상이라고 생각하는데, 학교 도서관 앞 아스팔트 위에 이루 말할 수 없이 큰 십자가가 세워져 있었습니다. 그리고 그 십자가 위에 어떤 사람이 매달려 있었습니다. 그 십자가가 너무 높아서 매달린 사람의 얼굴은 보이지 않았는데, 저는 직감적으로 그분이 예수님이신 것을 알 수가 있었습니다. 그런데 십자가 위에 높이 달리신 예수님은 다른 아무 말씀을 하지 않으시고 딱 한 마디만 하셨습니다. "내가 목마르다." 그 말씀을 끝으로 환상은 사라졌습니다.

저는 큰 충격을 받아 계단 난간을 붙들고 한참을 서 있었습니다. 그러면서 예수님께 물어보았습니다. "주님, 주님은 과거에 이미 십자가에 못 박히시고 모든 고난을 다 당하시고 부활 승천하셨지 않습니까? 그런데 2,000년이 지난 지금 대학 캠퍼스 한복판에서 왜 또 목말라하십니까?"

그때 주님이 저의 마음속에 조용히 말씀하셨습니다. "눈을 들어 저 캠퍼스를 봐라. 수많은 동아리가 있고, 수많은 모임이 있지만, 저 젊은이들에게 참된 진리의 길을 가르쳐 주는 모임은 너무나 부족하구나. 지금도 지옥으로 가고 있는 저들을 보니 내가 목이 탄다." 이렇게 말씀하시는 것이었습니다. 이 음성 앞에 저의 마음이 무너져 내렸습니다. 저는 계단 난간을 잡고 울먹이면서

"주님, 알겠습니다. 제가 주님의 목이 마르지 않게 해드리겠습니다. 제가 이 젊은이들에게 주님을 전하겠습니다"라고 했습니다. 그 기도 때문인지는 몰라도 저는 이후 한동대에서 오랫동안 젊은 이들에게 기독교를 가르치는 일을 하였고, 지금도 젊은 청년들을 위한 교회를 개척하여 사역하고 있습니다.

여러분, 우리는 이 사실을 알아야 합니다. 지금도 예수님은 잃어버린 영혼들을 생각하며 목말라하고 계십니다. 예수님은 그들을 너무나 사랑하시기 때문에 그들이 하나님을 만나지 못하고 영원한 지옥으로 떨어질 때마다 목이 타고 애간장이 녹는 강렬한 고통을 느끼십니다.

"너는 나를 도장 같이 마음에 품고 도장 같이 팔에 두라 사랑은 죽음 같이 강하고 질투는 스올 같이 잔인하며 불길 같이 일어나니 그 기세가 여호와의 불과 같으니라"(아가서 8:6).

'타는 목마름'이라는 말을 들어보셨지요? 예수님은 이렇게 잃어버린 영혼들에 대하여 불타는 목마름을 느끼고 계십니다. 이 예수님의 목마름을 해결해 드릴 방법은 적극적으로 영혼들에게 복음을 전하는 것입니다. 그러할 때 예수님은 우리를 통해 마음의 시원함을 경험하실 것입니다.

"충성된 사자는 그를 보낸 이에게 마치 추수하는 날에 얼음 냉수 같아서 능히 그 주인의 마음을 시원하게 하느니라"(잠언 25:13).

이제 예수님을 만난 사람은 더 이상 목마르지 않습니다. 그러나 동시에 우리는 마음속에 깊은 목마름, 잃어버린 영혼에 대한 목마름이 있어야 합니다. 또한 생수의 근원 되신 주님과 더 깊은 교제 속으로 들어가고 싶어 하는 그런 영적 목마름이 있어야 합니다. '목마른 사슴이 시냇물을 찾듯이' 늘 하나님을 찾아야 합니다. 이런 사람들이 바로 하나님의 마음을 시원케 하는 사람들입니다. 저와 여러분은 바로 그런 사람이 되어야 합니다.

"지옥의 고통은 불타는 갈증으로 표현된다. 이는 자신의 혀를 서늘하게 할 수 있도록 물 한 방울만이라도 달라고 했던 부자의 간청에서 잘 알 수 있다. 그리스도가 십자가에서 고난을 겪지 않으셨다면 우리는 모두 정죄를 받아 영원한 목마름 가운데 있을 것이다."[56]

_ 매튜 헨리

6

승리의 말씀

다 이루었다

6

승리의 말씀

"다 이루었다"(요한복음 19:30).

예수님의 가상칠언 중 여섯 번째 말씀은 예수님의 사명 완수를 선포하시는 '승리의 말씀'입니다.

승리의 외침

예수님은 십자가 위에서 "다 이루었다"라고 하셨습니다. 이는 '승리의 말씀'입니다. 지금까지 예수님의 말씀이 고뇌와 고통의 말씀이었다면, 이제는 사명을 완수하신 승리자의 외침입니다.

어윈 루처는 예수님의 "다 이루었다"라고 하신 이 선언을 "인류 역사상 가장 위대한 승리의 외침"이라고 말했습니다.[57] 그렇습니다. 이보다 더 위대한 승리의 외침이 이 세상에 또 있을까요?

예수님의 이 외침은 온 인류를 구원하시기 위한 하나님의 구원이 완성되었다는 외침입니다. 이제 온 인류가 죄와 사망에서 놓임을 받았다는 외침입니다. 그러므로 이 이상으로 위대한 외침은 있을 수가 없습니다.

이제 예수님께 허락된 고난의 시간이 모두 지나갔습니다. 구속에 필요한 피도 다 흘렸고, 쏟아진 하나님의 진노도 이미 다 견디어 내셨습니다. 이처럼 속죄를 이루는 중요한 요소들을 다 이루었기 때문에 곧 이어질 죽음을 제외하고는 모두 완성된 것입니다.[58] 예수님은 자신이 이 땅에 오신 목적을 다음과 같이 말씀하셨습니다.

"인자가 온 것은 섬김을 받으려 함이 아니라 도리어 섬기려 하고 자기 목숨을 많은 사람의 대속물로 주려 함이니라"(마가복음 10:45).

예수님이 완수해야 할 사명은 인류를 대신하여 자신의 목숨을 대속물로 내놓는 것이었습니다. 이 사명을 예수님이 지금 완성하셨습니다. 그리하여 이러한 승리의 선언을 하신 것입니다.

제임스 몽고메리 보이스는 다음과 같이 말했습니다.

"물론 예수님이 해야 할 일이 한두 가지 더 남은 상태이긴 했다. 그는 무덤에 묻힌 후 다시 살아나 승천하셔야 했다. 그리고 이 세상을 심판하며 당신께 속한 자들을 영원한 본향으로 데려가기 위해 재림하셔야 한다. 하지만 예수 그리스도께서 십자가에 달려 '다 이루었다' 하며 숨을 거두셨을 때 그의 사역은 이미 끝난 것이나 다름없었다. 죗값 지불을 완료하셨기 때문이다."[59]

예수님은 가장 중요한 인류의 죗값을 치르는 일을 하셨기 때문에 사명을 완수했다고 선언하신 것입니다. 이제 고난의 종으로서 예수님의 사명은 모두 끝난 것입니다. 이것을 아더 핑크는 다음과 같이 표현합니다.

"지금 고난은 끝났다. 그의 거룩한 영혼을 움츠리게 하는 것이 끝났다. 하나님께서 예수님을 상하게 하셨다. 사람과 사탄은 최악의 일을 저질렀다. 잔은 비워졌다. 하나님의 무시무시한 진노의 폭풍은 소멸되었다. 어둠은 사라졌다. 하나님의 정의의 칼은 칼집에 꽂혔다. 죄의 대가는 지불되었다. 고난의 예언들은 모두 이루어졌다. 예수님은 십자가를 '지셨다.' 하나님의 거룩함은 온전히 충족

되었다. 구주는 승리의 말씀, 크고 웅장한 말씀, 온 우주에 울리는 말씀을 외치셨다. … '다 이루었다.' 모욕과 수치, 고통과 고난은 지나갔다. 다시는 고난을 겪지 않으실 것이다. 다시는 자신을 대적하는 죄인들의 모독을 참지 않으실 것이다. 다시는 사탄의 손에 놓이지 않으실 것이다. 다시는 하나님의 얼굴 광채가 그에게서 숨겨지지 않을 것이다. 하나님을 송축하라. 이 모든 것이 다 이루어졌다!"[60]

예수님의 "다 이루었다"라는 선언에는 이와 같은 깊은 의미가 들어 있습니다. 그러므로 예수님의 죽음은 단지 한 사람의 죽음만이 아닙니다. 또한 예수님이 "다 이루었다"라고 하신 말씀은 단지 한 사람이 인생의 목적을 실현했다고 하는 외침이 아닙니다. 이것은 온 인류를 향한 하나님의 구원 계획이 완성되었다는 놀라운 선언입니다.

하나님의 뜻은 온전히 이루어졌습니다. 하나님의 계획은 다 실행되었습니다. 모든 것이 하나님이 원하시는 대로 이루어졌습니다. 아더 핑크는 예수 그리스도의 사명이 다 이루어졌다는 증거를 하나님이 네 가지로 보여 주셨다고 이야기합니다.

첫째, 휘장이 갈라졌습니다. 이 휘장은 성소와 지성소를 가로막는 휘장이었습니다. 지성소에는 일 년에 단 하루 제사장만이 들어갈 수 있었습니다. 그런데 이 휘장이 찢어졌다는 것은 이제 예수님의 피로 인해 우리가 하나님께로 가는 길이 열렸음을 보여 줍니다.[61]

"그러므로 형제들아 우리가 예수의 피를 힘입어 성소에 들어갈 담력을 얻었나니 그 길은 우리를 위하여 휘장 가운데로 열어 놓으신 새로운 살 길이요 휘장은 곧 그의 육체니라"(히브리서 10:19-20).

둘째, 그리스도께서 죽음에서 살아나셨습니다. 이것은 예수 그리스도가 자신이 선포한 대로 하나님의 아들이신 것과 하나님이 예수님의 몸을 완전한 제사로 받으셨음을 증명합니다.[62]

"성결의 영으로는 죽은 자들 가운데서 부활하사 능력으로 하나님의 아들로 선포되셨으니 곧 우리 주 예수 그리스도시니라"(로마서 1:4).

셋째, 그리스도를 하나님의 오른편에 높이셨습니다. 이는 그리스도가 하신 일이 얼마나 값진 일인지를 드러내고 주 예수를 향한 하나님 아버지의 기쁨을 입증합니다.[63]

"오직 그리스도는 죄를 위하여 한 영원한 제사를 드리시고 하나님 우편에 앉으사 그 후에 자기 원수들을 자기 발등상이 되게 하실 때까지 기다리시나니 그가 거룩하게 된 자들을 한 번의 제사로 영원히 온전하게 하셨느니라"(히브리서 10:12-14).

넷째, 성령을 이 땅에 보내셨습니다. 이는 그리스도의 대속의 죽음으로 능력과 유익이 우리에게 주어졌음을 의미합니다.[64]

"오순절 날이 이미 이르매 그들이 다같이 한 곳에 모였더니 홀연히 하늘로부터 급하고 강한 바람 같은 소리가 있어 그들이 앉은 온 집에 가득하며"(사도행전 2:1-2).

하나님의 뜻은 이루어졌습니다. 이 세상의 모든 악한 세력이 총출동하여 하나님과 예수 그리스도를 대적하기 위해서 모였지만 하나님의 계획은 방해할 수 없었습니다. 하나님은 전능자이시기 때문에 그 누구도 하나님의 계획을 막을 수는 없습니다.[65] 성경은 하나님의 능력을 다음과 같이 묘사합니다.

"그는 뜻이 일정하시니 누가 능히 돌이키랴 그의 마음에 하고자 하시는 것이면 그것을 행하시나니"(욥기 23:13)

"주께서는 못 하실 일이 없사오며 무슨 계획이든지 못 이루실 것이 없는 줄 아오니"(욥기 42:2).

"오직 우리 하나님은 하늘에 계셔서 원하시는 모든 것을 행하셨나이다"(시편 115:3).

그렇습니다. 하나님이 마음먹으시면 못 하실 일이 없습니다. 하나님의 뜻은 반드시 이루어지고, 하나님의 계획은 반드시 실현됩니다. 이스라엘 백성이 출애굽 할 때 드러났던 하나님의 구원하시는 능력은 예수 그리스도의 십자가를 통하여 모든 민족과 열방 앞에서 더욱 완전하게 드러났습니다.

우리에게도 하나님이 맡기신 사명이 있습니다. 그것을 이루는 것이 진정한 성공입니다. 이 땅을 살면서 내가 얼마나 많은 것을 얻었는가, 내가 얼마나 높은 자리에 올랐는가, 내가 얼마나 많은 명예를 누렸는가 하는 것이 성공이 아닙니다. 하나님이 맡기신 사명을 얼마나 이루었는가 하는 것이 진짜 성공의 기준이 됩니다.

오늘 말씀에서 예수님이 "다 이루었다"라고 하셨지만 모든 것을 다 하신 것은 아닙니다. 모든 병자를 다 고치신 것도 아닙니다. 모든 귀신을 다 쫓아내신 것도 아닙니다. 모든 사람을 다 제자로 삼으신 것도 아닙니다. 중요한 것은 하나님이 예수님을 이 땅에 보내실 때 작정하신 바로 그 목적을 온전히 다 이루신 것입니다.

우리도 마찬가지입니다. 우리가 이 세상의 모든 일을 다 할 수는 없습니다. 가난한 자를 모두 구제할 수도 없고, 병든 자들을 다 치료할 수도 없고, 안 믿는 사람들을 다 전도할 수도 없습니다. 하지만 하나님이 나에게 맡기신 사명은 모두 이루고 가야 합니다.

평생 너무 거창하고 대단한 일을 하고자 욕심낼 것이 아니라, 나를 통한 하나님의 뜻이 무엇인지를 계속 물어보아야 합니다. 그것이 작은 사명일지라도 그 사명을 충실히 이루고 간다면 하나님 보시기에 성공한 인생이 될 수 있습니다.

구원의 완성

예수님이 "다 이루었다"라고 하신 것은 이제 구원이 완성되었다는 말입니다. 그러므로 이것은 우리에게는 또 다른 구원의 길이 필요 없다는 것을 의미합니다. 예수 그리스도의 십자가를 통하여 구원이 완성되었기에 이제는 다른 구원자가 필요 없다는 것을 의미합니다.

예수님이 "다 이루었다"라고 하신 말씀은 헬라어로는 "테텔레스타이"(tetelestai)입니다. 이 말은 어려운 말이 아닙니다. 예수님 당시에 일반인들이 많이 사용하던 말입니다. 그러므로 이 말이 어떤 경우에 사용되었는지를 알면 예수님이 하신 말씀의 의미를 더 정확하게 알 수가 있습니다.

이는 당시 종들이 사용하던 말이었습니다. 주인이 종에게 뭔가를 하라고 시키면 종은 그 일을 다 마치고 돌아와서 "테텔레스타이"라고 말했습니다. 이 말은 "제게 시키신 일을 다 했습니다"라는 뜻입니다. 예수님은 하나님의 종이셨습니다.

> "그는 근본 하나님의 본체시나 하나님과 동등됨을 취할 것으로 여기지 아니하시고 오히려 자기를 비워 종의 형체를 가지사 사람들과 같이 되셨고"(빌립보서 2:6-7).

예수님은 이 땅에 종으로 오셔서 하나님이 맡기신 일을 완수하셨습니다.

> "아버지께서 내게 하라고 주신 일을 내가 이루어 아버지를 이 세상에서 영화롭게 하였사오니"(요한복음 17:4).

당시 화가들도 이 말을 사용했습니다. 그들은 작품을 완성했을 때 뒤로 물러서서 "테텔레스타이"라고 말했습니다. 이것은 "작품이 완성되었다"라는 의미입니다.

우리가 구약 성경을 읽을 때 무엇인가 이해하기 힘든 경우가 있습니다. 구약에 나오는 여러 가지 의식이나 표적이나 예언, 상징 같은 것들이 잘 이해되지 않을 때가 있습니다. 그 이유는 이러한 것들이 의미하는 바가 아직 완성되지 않았기 때문입니다. 이것을 워런 위어스비는 "그늘 속에 있는 하나님의 화랑"이라고 표현했습니다.[66]

화랑에 그림이 걸려 있는데 이 그림이 어두운 그늘에 있으면 어떤 그림인지 정확하게 알기 어렵습니다. 그러나 그 그림에 빛이 비치면 그림의 윤곽과 의미가 온전하게 드러납니다. 이것이 바로 예수님이 하신 일입니다. 예수님이 오셔서 구약의 예언을 다 이루셨습니다. 그로 인해 희미하던 구원의 그림이 완성되었고, 마침내 그 내용이 온전히 드러났습니다.

"그리스도는 모든 믿는 자에게 의를 이루기 위하여 율법의 마침이 되시니라"(로마서 10:4).

또한 "테텔레스타이"라는 말은 당시에 상인들이 흔히 쓰던 말이었습니다. 물건을 살 때 상인들은 고객의 돈을 받고 영수증을 써 줍니다. 그 영수증의 의미는 돈을 다 받았다는 뜻입니다. 빚을 완전히 갚았다는 의미입니다. 우리와 하나님과의 관계에서 죄는 빚과 같습니다. 그것을 예수님이 다 갚아 주신 것입니다.

"죄의 댓가는 죽음이지만 하나님께서 거저 주시는 선물은 우리 주 예수 그리스도 안에 있는 영원한 생명입니다"(로마서 6:23). (현대인의 성경)

우리 인간이 진 죄의 빚은 너무나 크기 때문에 스스로는 그것을 갚을 수 있는 능력이 없습니다. 그래서 예수님이 그 값을 친히 다 치러 주셨습니다. 이렇게 예수님의 십자가 사건으로 구원이 완성되었습니다. 그러므로 여기에 무언가를 덧붙이려고 하면 안 됩니다. 싱클레어 퍼거슨(Sinclair Buchanan Ferguson)은 칼빈의 기독교 강요를 인용하여 다음과 같이 말했습니다.

"우리의 구원의 총체가, 그리고 그 각 부분이 오직 그리스도 안에 있다는 사실을 발견한다면, 아무리 작은 부분이라도 그것을 그 이외의 다른 곳에서 이끌어 오지 않도록 온 힘을 다해 주의해야 할 것이다."[67]

그렇습니다. 구원에 있어서는 아무리 작은 부분이라 할지도 예수 그리스도 외의 다른 것에서는 끌어오지 않도록 조심해야 합니다. 무엇인가를 조금이라도 보태면 그것은 거짓 복음이 되고, 이단이 되기 때문입니다. 이에 대해 스펄전은 다음과 같이 말했습니다.

"그리스도가 하나님의 보물 창고에 지불하신 값비싼 몸값에 왜 당신의 가짜 동전 한 닢을 더 하려고 하는가?"[68]

바울이 '거짓 교사'들과 치열한 싸움을 벌인 이유도 여기에 있었습니다. 그들은 그리스도를 부인하지는 않았습니다. 그러나 그들은 그리스도를 믿는 믿음에 '행함을 더해야' 구원받는다고 주장하였습니다. 그들에게 행함은 '율법'이었습니다. 그리스도를 믿는 믿음만으로는 부족하고 여러 가지 율법을 지켜야 구원을 받는다고 주장하였습니다. 이에 대해 바울은 다음과 같은 말로 반박하였습니다.

"내가 하나님의 은혜를 폐하지 아니하노니 만일 의롭게 되는 것이 율법으로 말미암으면 그리스도께서 헛되이 죽으셨느니라"(갈라디아서 2:21).

율법을 잘 지킴으로 구원을 받을 수 있다면 예수님이 굳이 이 땅에 오셔서 돌아가실 필요가 없었습니다. 예수님이 오시기 전에 이미 이스라엘 백성에게는 십계명이 있었습니다. 그러므로 율법을 잘 지킴으로 구원을 받을 수 있다면 이미 주어진 계명들만 잘 지키면 되었습니다.

또한 구약시대에는 제사 제도가 있었습니다. 만약 동물의 피를 흘리는 것으로 구원을 받을 수 있다면 구태여 예수님이 십자가 위에서 피를 흘리며 돌아가실 필요가 없었을 것입니다.

인간이 율법을 지키고, 제사를 드리고, 십일조를 열심히 하고, 구제하고 금식하는 종교 행위로 구원을 받을 수 있다면 예수님은 공연히 돌아가신 것이 됩니다. 갈라디아서 말씀 그대로 '헛되이' 죽으신 것이 됩니다. 그리고 이것은 하나님의 은혜를 폐하는 행위가 됩니다.

그러므로 우리는 십자가에 무언가를 더해서 구원을 받으려고 하면 안 됩니다. 예수님은 "다 이루었다"라고 말씀하셨습니다. "테텔레스타이." 구원의 작품이 이미 완성이 되었습니다. 대가의 작품에 손을 대는 것은 그 작품을 망치는 행동입니다. 그래서 미술관에 가면 자주 볼 수 있는 글귀가 바로 "작품에 손대지 마시오"입니다. 만약 레오나르도 다빈치 같은 대가가 완성한 작품에 손을 댄다면 어떻게 되겠습니까? 큰 문제가 발생할 것입니다. 그렇다면 전능하신 하나님이 완성해 놓으신 구원의 작품에 손을 댄다면 얼마나 더 심각한 문제가 발생하겠습니까? R. C. 스프로울(R. C. Sproul)은 다음과 같이 이야기했습니다.

"최선의 행위라도 죄의 흔적이 남아 있기 때문에 여전히 오염되고 더럽다. 우리의 마음은 결코 완전하게 청결하지 못하며, 이 불순함은 우리의 덕목이라는 '금'에 티를 입힌다. 우리의 덕은 아우구스티누스가 선언한 것처럼 찬란한 악덕이다."[69]

그렇습니다. 인간은 전적으로 타락한 존재이기에 아무리 선한 행동이라도 거기에는 인간의 오염된 동기나 의도가 숨어 있습니다. 그러므로 우리의 행위를 덧붙여 구원을 완성하려고 하는 것은 결국 하나님의 작품을 망치는 행위입니다. 우리는 그리스도의 십자가로 구원이 완성되었다는 사실을 결코 잊어서는 안 됩니다.

구원에 있어서 보탤 것이 아무것도 없다는 것은 내가 하나님 앞에서 선한 일을 하기에는 전적으로 무능한 존재라는 것을 의미합니다. 사람들은 이것을 받아들이기 힘들어합니다. 그래서 구원은 너무나 받기 쉬운 것이며, 동시에 너무나 받기 어려운 것입니다. 자신의 전적 무능을 인정하고 온전히 하나님의 자비와 은혜를 구해야 하기 때문에 쉽지 않은 것입니다.

우리가 해야 할 일

구원은 완성되었기 때문에 이제 우리가 구원을 위해서 해야 할 일은 없습니다. 그럼에도 불구하고 우리가 아무것도 안 해도 구원이 저절로 주어지는 것은 아닙니다. 한 가지 해야 할 일이 있습니다. 그것은 예수님이 나를 위해 돌아가셨다는 사실을 믿고 받아들이는 것입니다. 이것이 필요한 이유는 구원은 하나님의 선물이기 때문입니다.

"너희는 그 은혜에 의하여 믿음으로 말미암아 구원을 받았으니 이것은 너희에게서 난 것이 아니요 하나님의 선물이라"(에베소서 2:8).

선물은 받는 사람이 싫다고 하면 강제로 줄 수가 없습니다. 선물은 주는 사람의 전적인 호의로 주어지기 때문에 받는 사람이 거절하면 억지로 줄 수가 없습니다. 이와 마찬가지로 하나님의 은혜가 아무리 크더라도 그 은혜를 감사함으로 받아들이지 않으면 나의 것이 되지 못합니다.

성경은 모든 인간이 죄를 지어 하나님의 심판을 받는 자리에 놓였다고 이야기합니다. 이 심판의 결과는 사형보다 더 끔찍한 지옥입니다. 그런데 하나님은 우리에게 사면장을 발행해 주셨습니다. 당신의 아들을 십자가에 매달아서 우리의 죄를 위해 피 흘려 죽게 하시고, 그것을 근거로 우리의 죄가 용서받을 길을 열어 주신 것입니다.

아무리 예수님이 우리를 위해 죽으셨고, 하나님의 용서의 은혜가 강물처럼 넘친다고 하여도 이 은혜를 끝까지 받아들이기를 거부하는 사람은 다른 대안이 없습니다. 그 사람은 결국 자신의 죄 가운데 죽어야 합니다. 그 결과는 하나님과의 영원한 분리인 지옥입니다.

하나님은 인간의 자유의지를 존중하십니다. 그러므로 이 구원의 선물을 받아들이고 말고는 개인의 선택에 달려 있습니다. 이것을 거절하는 사람은 인생에서 가장 귀중한 축복을 놓치게 됩니다. 우리는 모두 마음을 열고 예수님을 영접하여서 이 귀한 구원의 선물을 받아 누리는 사람이 되어야 합니다.

"예수님은 어떤 인간도 영원히 할 수 없는 일을 십자가 위에서 여섯 시간 만에 다 이루셨다."[70]
_ 어윈 루처

7

확신의 말씀

내 영혼을
아버지 손에
부탁하나이다

7

확신의 말씀

"아버지 내 영혼을 아버지 손에 부탁하나이다"(누가복음 23:46).

예수님이 십자가 위에서 남기신 마지막 말씀은 자신의 영혼을 하나님 아버지 손에 맡기시는 '확신의 말씀'입니다.

예수님의 마지막 외침

지금 예수님은 생명이 끊어지시는 순간입니다. 그러나 예수님은 자신의 영혼이 하나님 아버지 손에 안전히 머물 것을 확신하셨습니다. 여기서 흥미로운 사실은 예수님은 죽음의 순간까지 자신의 영혼을 통제하고 계셨다는 것입니다. 예수님은 어쩔 수 없이 돌아가신 것이 아니라, 때가 되었기에 자기의 영혼을 하나님 앞에 내려놓으셨습니다. 다음은 예수님이 하신 말씀입니다.

> "내가 내 목숨을 버리는 것은 그것을 내가 다시 얻기 위함이니 이로 말미암아 아버지께서 나를 사랑하시느니라 이를 내게서 빼앗는 자가 있는 것이 아니라 내가 스스로 버리노라 나는 버릴 권세도 있고 다시 얻을 권세도 있으니 이 계명은 내 아버지에게서 받았노라 하시니라"(요한복음 10:17-18).

예수님은 목숨을 스스로 버린다고 말씀하셨습니다. 누구에게 목숨을 빼앗긴 것이 아닙니다. 예수님은 자발적으로 자신의 영혼을 하나님 손에 드리셨습니다. "내 영혼을 아버지 손에 부탁하나이다"라고 하는 이 말씀을 직역하면 "그가 영혼을 넘겨주셨다"가 됩니다. 예수님이 숨을 거두면서 예수님의 영혼이 빠져나간 것이 아니라 예수님이 자발적으로 자신의 영혼을 하나님께 넘겨 드리신 것입니다. 마태복음에도 이와 비슷한 내용이 나옵니다.

> "예수께서 다시 크게 소리 지르시고 영혼이 떠나시니라"(마태복음 27:50).

여기서 "영혼이 떠나시니라"라는 말의 원어적 의미는 "그가 자신의 영혼이 떠날 것을 허락하시다"라는 뜻입니다. 이것은 마치 왕이 신하에게 물러나기를 허락하는 것처럼 권위 있는 태도입니다.[71] 이렇게 예수님은 죽는 순간까지도 자신의 상황을 완전히 통제하고 계셨습니다. 예수님은 하나님이시기에 모든 것을 통제하십니다. 그러므로 예수님은 죽는 순간에도 왕이셨습니다. 예수님은 이제 하나님이 정하신 때가 되어서 자신의 목숨을 내어놓으신 것입니다.

유대 전통에 따르면 유월절 어린양이 죽는 시간은 오후 3시에서 6시 사이입니다. 예수님은 유월절 어린양이 잡히던 바로 그날 십자가에 못 박히셨습니다. 그리고 오후 3시, 유월절 양이 죽는 시간에 돌아가셨습니다. 왜입니까? 예수님은 세상 죄를 지고 가는 하나님의 어린양이었기 때문입니다.[72]

워런 위어스비는 예수님의 죽음에 관하여 중요한 이야기를 합니다. 구약성서에 나오는 어떤 제물도 기꺼이 죽은 제물은 없었습니다. 어린양이나 염소, 양들은 기꺼이 생명을 바친 적이 없었습니다. 그러나 예수님은 우리를 위해 기꺼이 생명을 내던지셨습니다.[73]

예수님의 마지막 기도는 예수님이 실제로 죽으셨다는 사실을 보여 줍니다. 예수님의 죽음이 확실했기에 로마 군인들은 예수님의 다리를 꺾지 않았습니다(요한복음 19:33). 아리마대 사람 요셉이 빌라도에게 가서 예수님의 시체를 달라고 했을 때 빌라도는 예수님이 이미 돌아가신 것을 알고 놀랐습니다(마가복음 15:44). 즉, 예수님은 확실히 죽으신 후 부활하신 것입니다. 예수님이 돌아가신 것은 진짜 죽음이었습니다. 십자가에서 정신을 잃고 차가운 무덤에서 다시 살아나신 것이 아닙니다.

예수님의 마지막 기도와 로마 제국 관리들의 행동은 예수님이 실제로 돌아가셨다는 사실을 증거합니다.[74] 놀라운 것은 "내 영혼을 아버지 손에 부탁하나이다"라고 하는 예수님의 마지막 말씀조차 구약 성경의 인용이라는 사실입니다.

"내가 나의 영을 주의 손에 부탁하나이다 진리의 하나님 여호와여 나를 속량하셨나이다"(시편 31:5).

예수님은 절체절명의 순간에서도 입에서 성경 말씀이 계속 흘러나왔습니다. 이로써 예수님이 얼마나 말씀으로 가득 차신 분인지를 알 수가 있습니다. 예수님은 마지막 숨이 넘어가는 순간 이제 자신을 하나님의 자비로운 손안에 온전히 맡기십니다. 이제 더 이상 예수님이 괴롭힘을 당하시는 일은 없을 것입니다. 워런 위어스비는 다음과 같이 말했습니다.

"많은 시간 동안 주님께서는 죄인들의 손안에 계셨습니다. 또 제자들에게 '나는 죄인들의 손에 넘겨지리라'고 하셨습니다. 죄인들의 손은 주님을 붙잡아 묶었습니다. 죄인들의 손은 주님을 때리고, 옷 벗기고, 머리 위에 가시관을 씌우며, 십자가에 못 박았습니다. 그러나 주님의 일이 거의 성취되어갈 즈음에 예수 그리스도께서는 더 이상 죄인의 손에 머물지 아니하시고 하나님 아버지의 손에 맡겨졌습니다. 주께서는 아버지의 품 안에 거하셨기 때문에 담대히 죽으실 수 있었습니다."[75]

예수님은 하나님을 늘 "아버지"라고 부르셨습니다. 산상수훈에서는 열일곱 번이나 하나님을 "아버지"라고 부르셨습니다. 요한복음 14-16장에서 제자들에게 마지막으로 말씀하시는 동안 아버지라는 단어를 무려 마흔다섯 번이나 사용하셨습니다. 요한복음 17장에서도 하나님 아버지께 직접 기도하면서 아버지라는 단어를 여섯 번이나 언급하십니다. 그리고 이렇게 운명하시기 전 마지막 순간에도 하나님을 아버지라 부르면서 기도하십니다.[76]

가상칠언의 내용을 기억해 보면 예수님은 처음 십자가에 달리셨을 때 하나님을 "아버지"라 부르셨습니다. 자신을 못 박는 자들을 위해 하나님 아버지께 그들을 용서해 달라는 기도를 하셨습니다. 그러다가 예수님은 중간에 고뇌의 시간에 하나님을 아버지라 부르지 못하고 "나의 하나님"이라고 부르셨습니다.

"나의 하나님, 나의 하나님, 어찌하여 나를 버리셨나이까"(마태복음 27:46).

그 순간에는 예수님이 인간의 죄를 대신 지셨기 때문에 하나님과의 관계가 단절된 것입니다. 그런데 이제 다시 하나님을 아버지라 부르십니다. 하나님과의 관계가 회복된 것입니다. 예수님은 "다 이루었다"라고 말씀하셨습니다. 우리의 죗값을 다 치르셨기에 이제 다시 하나님이 자비로운 얼굴을 예수님께 돌리신 것입니다. 그래서 이제 예수님은 자신의 영혼을 아버지의 손에 맡기시는 마지막 기도를 할 수 있게 되었습니다.

그렇다면 예수님의 영혼은 어디로 향하셨을까요? 그분의 영은 소망과 염원과 사랑을 품고 천국에 있는 아버지께로 가셨습니다. 그곳에서 그날 늦게 도착할 강도를 만날 준비를 하고 계셨습니다. 그리고 3일 후 부활의 날에 자신의 몸과 연합하셨습니다.[77]

영의 세계

예수님은 자신의 영혼을 아버지 손에 넘기셨습니다. 이 마지막 기도는 우리의 눈을 열어 하나님 나라가 있음을 보게 해줍니다. 사람이 죽으면 끝이 아니고, 영혼이 있고, 영원한 생명이 있고, 천국이 있다는 사실을 알려 줍니다.[78] 그러므로 우리는 이 땅에서 잘 사는 것도 중요하지만 죽음 이후의 삶을 준비해야 합니다. 사실 여기의 삶보다 그곳의 삶이 훨씬 더 중요합니다. 왜냐하면 천국의 삶은 영원한 삶이기 때문입니다.

그리스도인들이 전도할 때 "교회 나오면 복 받는다"라는 말을 많이 하는데, 사실 기독교의 핵심은 그것이 아닙니다. 물론 교회 나오면 복을 받습니다. 만복의 근원이신 하나님을 믿는데 당연히 복을 받습니다. 그러나 본질은 그것이 아닙니다. 이 땅의 복도 중요하지만, 그것으로 끝나 버리면 기독교는 세상의 다른 종교와 다를 바가 없습니다.

기독교는 잘 먹고 잘살기 위한 종교가 아닙니다. 오히려 잘 죽기 위한 종교입니다. 여러분, 하나님의 아들 예수님이 고작 우리가 이 땅에서 조금 더 잘 먹고 편안하게 살게 하시려고 그토록 고통을 당하시며 십자가 위에서 피 흘려 죽으셨을까요? 예수님은 자신이 이 땅에 오신 목적을 다음과 같이 말씀하셨습니다.

"도둑이 오는 것은 도둑질하고 죽이고 멸망시키려는 것뿐이요 내가 온 것은 양으로 생명을 얻게 하고 더 풍성히 얻게 하려는 것이라"(요한복음 10:10).

이 땅을 살아가는 사람들은 이미 '생명'이 있습니다. 그런데 예수님이 '생명'을 주시기 위해서 오셨다는 말이 무슨 뜻입니까? 이것은 '영원한 생명'을 의미합니다. 하나님과의 연합을 통해 하나님만이 누리시던 영생의 축복을 이제 우리도 같이 누릴 수 있게 해주시겠다는 말씀입니다.

예수님은 이 목적을 위해 오셨습니다. 우리에게 영원한 생명을 주시기 위해 자신의 생명을 바치신 것입니다. 이것이 예수님이 보여 주신 최고의 사랑입니다.

"사람이 친구를 위하여 자기 목숨을 버리면 이보다 더 큰 사랑이 없나니"(요한복음 15:13).

성경은 천국의 소망도 이야기하지만, 지옥의 두려움도 이야기합니다. 예수님은 천국에 대한 말씀도 하셨지만, 지옥에 대한 말씀도 하셨습니다. 우리 인간은 모두 언젠가는 죽어야 하는데 예수님의 보호 없이 죽는다는 것은 생각만 해도 두려운 일입니다. 성경은 다음과 같이 말합니다.

"살아 계신 하나님의 손에 빠져 들어가는 것이 무서울진저"(히브리서 10:31).

이 세상 사람 중 그 누가 되었든 간에 예수 그리스도 없이, 지은 죄 그대로 하나님의 심판대 앞에 서야 한다고 생각해 보십시오. 그 결과는 너무나 끔찍할 것입니다. 어윈 루처는 다음과 같이 말했습니다.

"오늘 내게 자비를 받으라고 내미는 그 분의 손이 회개하지 않는 자들에 대해서는 고독과 절망 그리고 영원한 고통의 구덩이로 내던지는 손이 될 것이다."[79]

그렇습니다. 오늘 내가 하나님이 내미시는 자비의 손길을 거절한다면, 그다음에는 심판의 손이 나를 향해 다가올 때 피할 곳이 없을 것입니다. 이것을 생각하면 내가 죽고 난 뒤에 영혼이 갈 곳이 있다는 사실이 너무나 감사한 것입니다.

장례식장에 가면 사람들이 육신의 죽음에 대해 슬퍼하면서 애통해합니다. 하지만 죽은 사람의 영혼이 어디로 갔는지는 관심을 가지지 않는 경우가 많습니다. 재난이 일어나면 사람들은 어떻게든지 죽은 이들의 시신이라도 찾으려고 애를 씁니다. 그러나 그 육신과 비교할 수 없는 귀중한 영혼은 어떻게 되었는지는 전혀 관심을 가지지 않습니다.[80] 지혜로운 사람은 죽기 전에 죽음을 준비합니다. 주변을 정리하고 고마웠던 사람들에게 감사를 표현하고 유언장도 남깁니다. 아무 생각 없이 살다가 죽는 사람보다 훨씬 지혜로운 사람들입니다.

그러나 너무나 많은 사람이 죽음 이쪽 편은 나름대로 준비하는데, 죽음 저쪽 편은 전혀 준비하지 않습니다. 죽음 전에 '죽음'을 준비하지만, '죽음 이후의 삶'은 전혀 준비하지 않고 죽는 사람들이 너무나 많습니다. 이 얼마나 안타까운 일입니까!

여기서 또 한 가지 기억할 것이 있습니다. 예수님은 하나님께 자신의 영혼을 부탁하셨지만, 하나님은 예수님의 몸까지 책임져 주셨다는 사실입니다. 사흘 후에 부활의 몸으로 돌려주셨습니다. 하나님은 우리의 영혼에만 관심이 있는 것이 아니라 우리의 몸에도 관심이 있으십니다.

> "평강의 하나님이 친히 너희를 온전히 거룩하게 하시고 또 너희의 온 영과 혼과 몸이 우리 주 예수 그리스도께서 강림하실 때에 흠 없게 보전되기를 원하노라"(데살로니가전서 5:23).

우리는 영과 혼과 몸이 하나도 빠짐없이 모두 다 온전히 구원받을 것입니다. 저와 여러분이 예수 그리스도로 인해 이 사실을 확신할 수 있다는 것이 얼마나 감사한 일입니까!

앞서가신 예수님

이제 예수님이 먼저 천국으로 들어가셨습니다. 그리고 천국에서 우리를 기다리고 계십니다. 이 사실을 생각하면 얼마나 감사하고 위로가 되는지 모릅니다. 예수님은 '선구자'로서 우리가 따라가기 쉽게 먼저 그 길을 가셨습니다.

고대에는 배가 도착할 때 배 앞쪽에 있는 선원이 배가 항구에 안전하게 들어가도록 도왔습니다. 선원은 배에서 뛰어내려 항구까지 헤엄쳐 간 다음 배의 동아줄을 해변의 바위에 매었습니다. 그렇게 하여 배가 안전하게 항구로 들어오도록 이끌었습니다.[81] 성경 히브리서에서 예수님에 대해 말씀하는 바가 바로 그와 같습니다.

"우리가 이 소망을 가지고 있는 것은 영혼의 닻 같아서 튼튼하고 견고하여 휘장 안에 들어 가나니 그리로 앞서가신 예수께서 멜기세덱의 반차를 따라 영원히 대제사장이 되어 우리를 위하여 들어가셨느니라"(히브리서 6:19-20).

예수님이 천국에 앞서가셔서 우리가 안전하게 천국에 들어가도록 인도하여 주십니다. 그래서 이 땅의 삶이 아무리 힘들더라도 예수님만 잘 따라가면 천국에 무사히 들어갈 수 있습니다. 어윈 루처는 다음과 같이 말했습니다.

"폭풍우가 우리의 돛을 갈가리 찢더라도, 갑판이 삐걱댈지라도, 광풍이 우리의 항로를 이탈하게 만들지라도, 구원받은 자들은 안전하게 항구에 도착하게 될 것이다. 자신이 죽음보다 더 강함을 입증하신 분께 인도되어 우리는 매일 매일 구원의 항구로 조금씩 더 가까이 다가가고 있다."[82]

그렇습니다. 예수님은 죽음을 이기시고 부활하셨습니다. 그러므로 죽음보다 더 강하신 그분을 의지하면 우리는 안전합니다. 물론 예수님은 편안한 죽음을 약속하지는 않으셨습니다. 예수님도 십자가에서 고통스럽게 돌아가셨고 예수님의 제자들도 대부분 순교하였습니다.

이 힘한 세상을 살아가면서 마지막 순간에 어떤 방식으로 죽음을 맞이할지는 아무도 알 수 없습니다. 그러나 중요한 것은 예수님이 안전한 도착을 약속하셨다는 사실입니다. 마지막 죽는 모습이 어떠하든지 간에 그리스도인의 영혼은 예수님으로 인해서 하나님 품으로 안전하게 들어갈 수 있습니다. 예수님 안에 있으면 그 누구도 하나님 아버지의 손에서 그 사람을 빼앗을 수 없기 때문입니다.

"그들을 주신 내 아버지는 만물보다 크시매 아무도 아버지 손에서 빼앗을 수 없느니라"(요한복음 10:29).

이 세상의 그 어떤 악한 존재도 우리의 영혼을 가져갈 수 없습니다. 왜냐하면 우리를 붙들고 계신 하나님의 손은 이 우주보다 더 크신 손이기 때문입니다. 이제 사망이 우리에 대한 권리를 잃어버렸기에 그리스도인은 더 이상 죽음의 두려움에 사로잡혀 종노릇할 필요가 없습니다.

"자녀들은 혈과 육에 속하였으매 그도 또한 같은 모양으로 혈과 육을 함께 지니심은 죽음을 통하여 죽음의 세력을 잡은 자 곧 마귀를 멸하시며 또 죽기를 무서워하므로 한평생 매여 종노릇하는 모든 자들을 놓아 주려 하심이니"(히브리서 2:14-15).

예수님을 믿게 되면 예수님과 영적으로 연합됩니다. 예수님이 하나님께 자신의 영혼을 맡기셨기 때문에, 우리의 영혼도 하나님께 맡길 수가 있습니다. 예수님은 인간의 대표자로 십자가에 매달리셨고, 인간의 대표자로 죽어 주셨습니다. 예수님이 그의 영혼을 아버지 손에 맡기셨을 때, 우리의 영혼도 그의 영혼과 함께 아버지의 품 안에 맡겨진 것입니다. 그러므로 예수님의 십자가와 부활이 모두 우리의 것이 되었습니다.

"만일 우리가 그의 죽으심과 같은 모양으로 연합한 자가 되었으면 또한 그의 부활과 같은 모양으로 연합한 자도 되리라"(로마서 6:5).

그리스도인이 예수님의 아버지이신 하나님을 '나의 아버지'로 부를 수 있다는 것은 너무나 축복된 일입니다. 이런 자격이나 특권은 아무에게나 주어지는 것이 아닙니다. 오로지 예수 그리스도를 통해 하나님의 자녀가 된 사람만이 누리는 축복입니다.

"보라 아버지께서 어떠한 사랑을 우리에게 베푸사 하나님의 자녀라 일컬음을 받게 하셨는가"(요한일서 3:1).

이제 우리는 죽음이 다가와도 두렵지 않습니다. 나의 영혼을 맡길 곳이 있기 때문입니다. 영원히 아버지의 품에서 안전할 수 있기 때문입니다. 이 확신을 얻는다는 것은 이 세상의 그 어떤 것과도 바꿀 수 없는 최고의 축복입니다.

내 수중에 아무리 많은 돈을 가지고 있더라도 이 확신을 얻을 수 없습니다. 내가 아무리 높은 지위와 권력을 가지고 있더라도 이 확신을 가지고 죽을 수는 없습니다. 이 확신은 오로지 예수 그리스도를 믿는 사람만이 소유할 수 있습니다. 저와 여러분이 죽고 난 뒤에 지옥의 심판에 떨어지지 않을 것을 어떻게 확신할 수 있습니까? 예수님이 우리를 위해 먼저 심판을 당해 주셨기 때문입니다. 죄인들은 먼저 죽음을 맞이하고 그 후에는 심판이 있습니다.

"한 번 죽는 것은 사람에게 정해진 것이요 그 후에는 심판이 있으리니"(히브리서 9:27).

그런데 주님은 먼저 심판을 당하시고 죽임을 당하셨습니다. 예수님은 십자가 위에서 우리의 죄에 대한 하나님의 심판을 감당하시고 그 이후에 죽으셨습니다.[83] 그래서 예수님을 믿는 사람들은 죽으면서도 심판을 두려워하지 않을 수 있게 되었습니다. 주님이 먼저 심판을 당하여 주셨기 때문입니다. 그래서 바울은 죽음의 가시가 뽑혔다는 의미로 다음과 같이 말했습니다.

"사망아 너의 승리가 어디 있느냐 사망아 네가 쏘는 것이 어디 있느냐"(고린도전서 15:55).

예수님은 마치 피뢰침과 같은 분이십니다. 번개가 칠 때 피뢰침이 있으면 그곳으로 벼락이 떨어지기 때문에 그 밑에 있는 사람은 벼락을 맞지 않을 수 있습니다. 예수님은 우리를 위해서 십자가 위에서 모든 심판을 당하여 주셨습니다.

그러므로 예수 그리스도를 믿는 사람은 심판을 면할 수 있고, 예수님처럼 자신의 영혼을 하나님 아버지께 맡길 수 있게 되었습니다. 이것이 예수님을 믿는 자들에게 허락하신 놀라운 축복입니다. 이 사실을 깨닫고 우리 모두 이 소망 안에서 날마다 승리하는 삶을 살아갈 수 있기를 바랍니다.

"예수님은 자발적으로 자신을 죄인들의 손에 넘기셨다. 이제 예수님은 자발적으로 자신을 하나님의 손에 드리신다."[84]
_ 어윈 루처

나가는 말

사람은 누구나 죽습니다. 그런데 죽을 때 남기는 말이 중요합니다. 죽음 앞에서는 모두 솔직해지므로 마지막 말이 그 사람이 어떤 사람인지를 보여 주기 때문입니다. 하지만 사람들의 마지막 말을 살펴보면 유명했던 위인들도 마지막 말은 허무한 경우가 많습니다. 그 이유는 우리의 인생 자체가 허무하기 때문입니다. 몇몇 사람들이 남긴 말을 살펴보면 다음과 같습니다.

나폴레옹은 "프랑스… 군대… 선봉… 조세핀…"[85]이라고 하며 평소에 소중하게 생각하던 것들을 그리워하며 쓸쓸하게 죽었습니다.

톨스토이는 "이것이 끝이로구나. 그다음은 상관없어"[86]라고 하며 허무한 모습으로 죽었습니다.

괴테는 "더 많은 빛을"[88]이라고 하며 어둠 속에서 안타까운 죽음을 맞이했습니다.

반면 예수님이 십자가 위에서 남기신 일곱 말씀은 한마디 한마디가 모두 주옥같습니다. 허무하거나 무가치한 말은 하나도 없고, 모든 말씀이 심오한 의미가 있습니다. 저는 부족하지만 이 책을 통하여 예수님의 이러한 일곱 말씀의 의미들을 생각해 보았습니다.

십자가에 대한 글을 쓸 때마다 느끼는 것은, 십자가는 아무리 묵상해도 그 깊이가 끝이 없다는 것입니다. 십자가에는 하나님의 크신 지혜가 담겨 있기에 인간의 짧은 지혜로는 십자가를 온전히 다 이해할 수 없습니다. 하지만 그렇다고 십자가 이해하기를 게

을리해서는 안 됩니다. 왜냐하면 십자가 속에 우리를 향한 하나님의 사랑과 뜻과 계획이 모두 들어가 있기 때문입니다.

 십자가 앞에서 우리는 한없이 낮아질 수밖에 없습니다. 우리의 죄가 얼마나 크기에 하나님의 아들이 죽으셔야 했는가를 생각하면 겸손해질 수밖에 없습니다. 동시에 십자가 앞에서 우리는 자신의 가치를 새롭게 발견하게 됩니다. 우리가 얼마나 소중하기에 하나님의 아들이 우리를 위하여 죽으셨는지를 생각하면 하나님 앞에서 진정한 자존감을 회복하게 됩니다.

 그러므로 우리는 날마다 십자가를 묵상해야 합니다. 우리를 향한 하나님의 사랑과 공의를 제대로 이해하기 위해서는 날마다 십자가 앞에 나와서 자신을 돌아보아야 합니다.

바라기는 이 책을 통해 여러분 모두가 예수님의 십자가에 담긴 의미를 다시 한번 깊이 깨닫고 '믿음의 주요, 온전하게 하시는 예수 그리스도'를 끝까지 따라갈 수 있기를 간절히 바랍니다. 감사합니다.

주

1) 오스왈드 샌더스, 『그리스도의 사역을 본받아 당신의 사역을 계발하라』, 채수범 역, (나침반사, 1989), p.61.
2) 아더 W. 핑크, 『가상칠언-그 의미와 적용』, 전현주 역, (도서출판 세복, 2006), p.22.
3) 아더 W. 핑크, 『가상칠언-그 의미와 적용』, 전현주 역, (도서출판 세복, 2006), p.27.
4) 어윈 루처, 『십자가를 바라보다』, 김영길 역, (디모데, 2007), p.68.
5) 워런 W. 위어스비, 『예수님의 마지막 일곱 말씀들』, 유영옥 역, (나침반사, 1983), p.14.
6) 워런 W. 위어스비, 『예수님의 마지막 일곱 말씀들』, 유영옥 역, (나침반사, 1983), p.14.
7) 워런 W. 위어스비, 『예수님의 마지막 일곱 말씀들』, 유영옥 역, (나침반사, 1983), p.14.
8) Clarence Cranford, *The Seven Last Words* (Grand Rapids: Baker, 1960), p.16.
9) John Charles Ryle, *Expository Thoughts on the Gospels: St. Luke* (Cambridge, England: James Clarke & Co., 1976), vol.2, p.463.

10) 아더 W. 핑크,『가상칠언-그 의미와 적용』, 전현주 역, (도서출판 세복, 2006), p.23.
11) 아더 W. 핑크,『가상칠언-그 의미와 적용』, 전현주 역, (도서출판 세복, 2006), p.23.
12) 아더 W. 핑크,『가상칠언-그 의미와 적용』, 전현주 역, (도서출판 세복, 2006), p.23.
13) 아더 W. 핑크,『가상칠언-그 의미와 적용』, 전현주 역, (도서출판 세복, 2006), p.61.
14) 김남준,『가상칠언』(생명의말씀사, 2012), p.68.
15) 제임스 몽고메리 보이스, 필 라이큰,『예수님이 남기신 14가지 말씀』, 김태곤 역, (생명의말씀사, 2014), p.34.
16) 아더 W. 핑크,『가상칠언-그 의미와 적용』, 전현주 역, (도서출판 세복, 2006), p.53.
17) 워런 W. 위어스비,『예수님의 마지막 일곱 말씀들』, 유영옥 역, (나침반사, 1983), p.19.
18) 워런 W. 위어스비,『예수님의 마지막 일곱 말씀들』, 유영옥 역, (나침반사, 1983), p.19.
19) 제임스 몽고메리 보이스, 필 라이큰,『예수님이 남기신 14가지 말씀』, 김태곤 역, (생명의말씀사, 2014), p.38.
20) 아더 W. 핑크,『가상칠언-그 의미와 적용』, 전현주 역, (도서출판 세복, 2006), p.46.
21) 어윈 W. 루처,『십자가를 바라보다』, 김영길 역, (도서출판 디모데, 2007), pp.90-91.
22) 워런 W. 위어스비,『예수님의 마지막 일곱 말씀들』, 유영옥 역, (나침반사, 1983), p.26.
23) 어윈 W. 루처,『십자가를 바라보다』, 김영길 역, (도서출판 디모데, 2007), p.92.
24) 아더 W. 핑크,『가상칠언-그 의미와 적용』, 전현주 역, (도서출판 세복, 2006), p.61.
25) 아더 W. 핑크,『가상칠언-그 의미와 적용』, 전현주 역, (도서출판 세복, 2006), pp.72-73.

26) William Barclay, *The Gospel of John*, vol.2, The Daily Study Bible, (Edinburgh:St. Andrew, 1965), p.299.
27) 어윈 루쳐, 『십자가를 바라보다』, 김영길 역, (디모데, 2007), p.99.
28) 유기성, 『십자가에서 만난 예수 그리스도』(도서출판 위드지저스, 2020), p.67.
29) 아더 W. 핑크, 『가상칠언-그 의미와 적용』, 전현주 역, (도서출판 세복, 2006), p.82.
30) 어윈 루쳐, 『십자가를 바라보다』, 김영길 역, (디모데, 2007), p.104.
31) 어윈 루쳐, 『십자가를 바라보다』, 김영길 역, (디모데, 2007), p. 107.
32) 권해생, 『십자가 새롭게 읽기』 (두란노, 2021), p.129.
33) 권해생, 『십자가 새롭게 읽기』 (두란노, 2021), p.133.
34) 권해생, 『십자가 새롭게 읽기』 (두란노, 2021), p.134.
35) 아더 W. 핑크, 『가상칠언-그 의미와 적용』, 전현주 역, (도서출판 세복, 2006), p.83.
36) 권해생, 『십자가 새롭게 읽기』 (두란노, 2021), p.139.
37) 권해생, 『십자가 새롭게 읽기』 (두란노, 2021), p.141.
38) 권해생, 『십자가 새롭게 읽기』 (두란노, 2021), p.144.
39) 어윈 루쳐, 『십자가를 바라보다』, 김영길 역, (디모데, 2007), p.100.
40) 어윈 루쳐, 『십자가를 바라보다』, 김영길 역, (디모데, 2007), p.124.
41) 어윈 루쳐, 『십자가를 바라보다』, 김영길 역, (디모데, 2007), p.124.
42) 아더 W. 핑크, 『가상칠언-그 의미와 적용』, 전현주 역, (도서출판 세복, 2006), p.94.
43) 아더 W. 핑크, 『가상칠언-그 의미와 적용』, 전현주 역, (도서출판 세복, 2006), p.98.
44) 아더 W. 핑크, 『가상칠언-그 의미와 적용』, 전현주 역, (도서출판 세복, 2006), pp.104-105.
45) William Hendriksen and Simon J. Kistemaker, *Exposition of the Gospel According to Matthew*, vol. 9. New Testament Commentary(Grand Rapids, MI: Baker Book House, 2001), p.970.
46) 아더 W. 핑크, 『가상칠언-그 의미와 적용』, 전현주 역, (도서출판 세복, 2006), p.108.

47) 어윈 루처, 『십자가를 바라보다』, 김영길 역, (디모데, 2007), p.126.
48) 아더 W. 핑크, 『가상칠언-그 의미와 적용』, 전현주 역, (도서출판 세복, 2006), pp.101-102.
49) 아더 W. 핑크, 『가상칠언-그 의미와 적용』, 전현주 역, (도서출판 세복, 2006), p.97.
50) 아더 W. 핑크, 『가상칠언-그 의미와 적용』, 전현주 역, (도서출판 세복, 2006), p.103.
51) 아더 W. 핑크, 『가상칠언-그 의미와 적용』, 전현주 역, (도서출판 세복, 2006), p.89.
52) 아더 W. 핑크, 『가상칠언-그 의미와 적용』, 전현주 역, (도서출판 세복, 2006), p.121.
53) 아더 W. 핑크, 『가상칠언-그 의미와 적용』, 전현주 역, (도서출판 세복, 2006), p.125.
54) Henry Scougal, *The Life of God in the Soul of Man*(Harrisonburg, Va.: Sprinkle, 1986), 108, quoted in John Piper, 『The Pleasures of God,(Portland:Multnomah, 1991)』, p.13.
55) 조나단 에드워즈, 『조나단 에드워즈 대표설교선집』, 백금산 역, (서울: 부흥과 개혁사, 2005), p.370.
56) Matthew Henry, quoted in Ryken, "Human Atter All," in *The Heart of the Cross*, p.42.
57) 어윈 W. 루처, 『십자가를 바라보다』, 김영길 역, (도서출판 디모데, 2007), p.172.
58) 아더 W. 핑크, 『가상칠언-그 의미와 적용』, 전현주 역, (도서출판 세복, 2006), p.137.
59) 제임스 몽고메리 보이스, 필 라이큰, 『예수님이 남기신 14가지 말씀』, 김태곤 역, (생명의말씀사, 2014), p.84.
60) 아더 W. 핑크, 『가상칠언-그 의미와 적용』, 전현주 역, (도서출판 세복, 2006), pp.142-143.
61) 아더 W. 핑크, 『가상칠언-그 의미와 적용』, 전현주 역, (도서출판 세복, 2006), p.149.

62) 아더 W. 핑크,『가상칠언-그 의미와 적용』, 전현주 역, (도서출판 세복, 2006), p.149.
63) 아더 W. 핑크,『가상칠언-그 의미와 적용』, 전현주 역, (도서출판 세복, 2006), p.149.
64) 아더 W. 핑크,『가상칠언-그 의미와 적용』, 전현주 역, (도서출판 세복, 2006), p.149.
65) 아더 W. 핑크,『가상칠언-그 의미와 적용』, 전현주 역, (도서출판 세복, 2006), p.146.
66) 워런 W. 위어스비,『예수님의 마지막 일곱 말씀들』, 유영옥 역, (나침반사, 1983), p.53.
67) 싱클레어 퍼거슨,『오직 그리스도 안에서』, 신호섭 역, (지평서원, 2012), p.17.
68) C. H. Spurgeon, *Christ's Words from the Cross*, (Baker Pub Group, 1981), p.100.
69) R. C. 스프로울,『오직 믿음으로』, 안보헌 역, (생명의말씀사, 2017), p.185.
70) 어윈 W. 루처,『십자가를 바라보다』, 김영길 역, (도서출판 디모데, 2007), p.189.
71) 아더 W. 핑크,『가상칠언-그 의미와 적용』, 전현주 역, (도서출판 세복, 2006), pp.169-170.
72) 어윈 W. 루처,『십자가를 바라보다』, 김영길 역, (도서출판 디모데, 2007), p.198.
73) 워런 W. 위어스비,『예수님의 마지막 일곱 말씀들』, 유영옥 역, (나침반사, 1983), p.60.
74) 워런 W. 위어스비,『예수님의 마지막 일곱 말씀들』, 유영옥 역, (나침반사, 1983), p.58.
75) 워런 W. 위어스비,『예수님의 마지막 일곱 말씀들』, 유영옥 역, (나침반사, 1983), pp.59-60.
76) 아더 W. 핑크,『가상칠언-그 의미와 적용』, 전현주 역, (도서출판 세복, 2006), p.164.
77) 어윈 W. 루처,『십자가를 바라보다』, 김영길 역, (도서출판 디모데, 2007), p.194.
78) 유기성,『십자가에서 만난 예수 그리스도』(도서출판 위드지저스, 2020), p.133.

79) 어윈 W. 루처,『십자가를 바라보다』, 김영길 역, (도서출판 디모데, 2007), p.205.
80) 유기성,『십자가에서 만난 예수 그리스도』(도서출판 위드지저스, 2020), pp.133-134.
81) 어윈 W. 루처,『십자가를 바라보다』, 김영길 역, (도서출판 디모데, 2007), p.195.
82) 어윈 W. 루처,『십자가를 바라보다』, 김영길 역, (도서출판 디모데, 2007), p.196.
83) 아더 W. 핑크,『가상칠언-그 의미와 적용』, 전현주 역, (도서출판 세복, 2006), p.170.
84) 어윈 W. 루처,『십자가를 바라보다』, 김영길 역, (도서출판 디모데, 2007), p.201.
85) 한스 할터,『유언』, 한윤진 역, (말글빛냄, 2006), p.97.
86) 한스 할터,『유언』, 한윤진 역, (말글빛냄, 2006), p.395.
87) 한스 할터,『유언』, 한윤진 역, (말글빛냄, 2006), p.395.

예수님의 **가상칠언**

사명선언문

너희가 흠이 없고 순전하여……세상에서 그들 가운데 빛들로
나타내며 생명의 말씀을 밝혀 _ 빌 2:15-16

1. 생명을 담겠습니다
만드는 책에 주님 주신 생명을 담겠습니다.
그 책으로 복음을 선포하겠습니다.

2. 말씀을 밝히겠습니다
생명의 근본은 말씀입니다.
말씀을 밝혀 성도와 교회의 성장을 돕겠습니다.

3. 빛이 되겠습니다
시대와 영혼의 어두움을 밝혀 주님 앞으로 이끄는
빛이 되는 책을 만들겠습니다.

4. 순전히 행하겠습니다
책을 만들고 전하는 일과 경영하는 일에 부끄러움이 없는
정직함으로 행하겠습니다.

5. 끝까지 전파하겠습니다
모든 사람에게, 땅 끝까지, 주님 오시는 그날까지
복음을 전하는 사명을 다하겠습니다.

서점 안내

광화문점 서울시 종로구 새문안로 69 구세군회관 1층
02)737-2288 / 02)737-4623(F)

강남점 서울시 서초구 신반포로 177 반포쇼핑타운 3동 2층
02)595-1211 / 02)595-3549(F)

구로점 서울시 동작구 시흥대로 602, 3층 302호
02)858-8744 / 02)838-0653(F)

노원점 서울시 노원구 동일로 1366 삼봉빌딩 지하 1층
02)938-7979 / 02)3391-6169(F)

일산점 경기도 고양시 일산서구 중앙로 1391 레이크타운 지하 1층
031)916-8787 / 031)916-8788(F)

의정부점 경기도 의정부시 청사로47번길 12 성산타워 3층
031)845-0600 / 031)852-6930(F)

인터넷서점 www.lifebook.co.kr